双语经典

詹姆斯·瑟伯寓言集

〔美国〕詹姆斯·瑟伯 著
杨筱艳 译

译林出版社

目 录

译者序   1

城里老鼠下乡记   001
小姑娘与狼   003
两只火鸡   005
老虎的诡计   007
聪明绝顶的苍蝇   010
一头想飞的狮子   012
漂亮的公鹅   015
蛾子与星星   017
伯劳鸟与花栗鼠   020
成名的海豹   023
猎人与大象   026
知道太多的苏格兰犬   028
随性的熊   030
猫头鹰即上帝   032
披着狼皮的羊   035
鹳先生和他的老实太太   037
海中绿岛   040
乌鸦和黄鹂   042
挑战世界的大象   045

1

不飞的母鸡	048
田野里的玻璃	050
乌龟与兔子	052
花园里的独角兽	055
惹是生非的兔子	058
母鸡的预言	061
海与岸	064
关于蟾蜍的真相	067
蝴蝶、瓢虫和东菲比霸鹟	071
有勇无谋的老鼠和小心谨慎的猫	073
玫瑰与杂草	076
自地狱归来的蝙蝠	079
狮子与狐狸	083
狼之下场	085
蓝鸟兄弟	088
衣蛾与月形天蚕蛾	091
一对情人并着肩	094
狐狸与乌鸦	098
主旋律变奏曲	100
熊与猴	103
父与女	106
救生船上的猫	109
包打听的比利时雌野兔和爱管闲事的雌豚鼠	114
人与恐龙	118
母鸡们的聚会	122

玫瑰、山泉和鸽子	126
风流浪子与聪明太太	130
爱好和平的猫鼬	133
教父与教女	136
灰熊和那些新奇玩意儿	138
镀金的鹅蛋	142
老看门狗的审判	145
哲学家和牡蛎	148
单人早餐	150
老鼠与金钱	153
门外的狼	156
查尔斯怎么了？	158
寒鸦的巢穴	161
即将称王的老虎	164
花栗鼠和他的伴侣	167
蜘蛛与蚕	170
两条狗	171
世上最好的腿	174
翠鸟博士与东菲比霸鹟	177
征服了时间的海龟	179
狮子和蜥蜴	183
母老虎与她的伴侣	185
喜鹊的宝藏	188
蟋蟀和鹩鹩	191
乌鸦与稻草人	195

象牙、猿和人	198
奥利弗和其他鸵鸟	201
海岸和海洋	205

译者序

杨筱艳

我对詹姆斯·瑟伯的了解,是从阅读 E. B. 怀特的作品开始的。

那一年,我读《夏洛的网》,是康馨的译本,惊讶、崇敬、热爱得无以复加,然后拼命去搜寻有关怀特的一切文字来读。

在这个过程中,我发现了詹姆斯·瑟伯的名字。我读到怀特在 1937 年 10 月给瑟伯的信,其中有这样一句:"我不知道你算不算是还健在的最有创意的作家,但我很怀疑其他人算不算得上。"而瑟伯也曾说过:"谁都写不出 E. B. 怀特笔下的句子来。"

被怀特这样欣赏的人,又是如此欣赏怀特的人,不免让我心生向往。要知道,瑟伯同时也是一位漫画家,《纽约客》上曾常见他的简笔画风格的漫画作品。他会为他人的书作画,也会为自己的书作画,这位出生于俄亥俄州,高鼻深目戴圆眼镜的美国人,某种程度上,有中国士族之风:文好,画好,风骨佳。

如果把 E. B. 怀特的文字比作青山,那么瑟伯的文字就如绿水。读怀特，感知博大与平静；读瑟伯，则如水中泛舟，平缓向前，却突然有急流扑来。怀特总是关注大自然、社会，包括政治。而瑟伯，则更关注人性，以及人与人的关系。难怪瑟伯与怀特总是被人并列忆起，难怪他们成为那个时代的瑜和亮，而且是惺惺相惜的瑜和亮，保持终生友谊的一对大家。

说起瑟伯对夫妻之间关系的描述，我的感触最深，很少有作家可以用那样简洁优雅的行文，将夫妻之间的关系揭示得那样深刻。

比如，那篇著名的《花园里的独角兽》，译成中文后全文共计仅八百多字，却如一部希区柯克的电影，悬念迭起，套中有套。夫妻二人相互算计，先是男人对妻子说，自家花园里有一头独角兽，如何新奇如何美丽，如何不可思议；妻子则不耐烦地批驳说，世上哪里真的有独角兽，不过传说而已。男人继续就此话题聒噪不已，引得妻子暴怒，扬言要将男人送进疯人院。男人悻悻而出。之后的发展，如同一连串惊心动魄的镜头：妻子从床上一跃而下，面带恐怖笑容，偷打电话，唤来了警察与精神病医生。到结尾时，故事的发展却出人意料……读完掩卷，大笑不止，过后忽觉一线冰冷沿脊背爬上来。夫妻本该是最亲密的人，却对对方怀有如此歹毒之心。故事是戛然而止了，然而，那一线冰冷却久久不散。

这就是瑟伯，他那妙趣横生之笔，会在陡然间化为利刃，切入皮肉，直达骨髓，笔力起势轻而落势厉，两性关系之间的丑恶，于八百多字之间尽显纸上。

不过，他对两性关系的描写，也并不总是如此犀利，也有幽默之笔。比如，寓言集中的那篇《单人早餐》，写的是年轻夫妇新婚生活的头一天，妻子兴冲冲地要给丈夫做蛋糕，然而这蛋糕不是给他吃的，是让他拿去给办公室的兄弟们看的，秀的不是蛋糕，而是一种新的生活方式。这方式是她得意的，却让年轻的丈夫渐生逃避之心。故事的最终，瑟伯写道："如果把生活过成了流行歌曲，每个人的婚姻都肯定会出问题。"

好的故事是具有穿透性的，它会如水滴穿石一样，穿透时间。这两则故事，即使时光已过去半个世纪，依然可以在现代人的婚姻生活中发现相似的案例。

瑟伯的笔下，一草一木，一石一虫，一禽一畜，都具人性，或者说，是人性的幻化。比如《风流浪子与聪明太太》一篇中的两只企鹅，一个对对方不怀好意，一个对对方巧妙利用，好一场失败的猎艳行动；《蟋蟀和鹩鹑》一篇中森林音乐会上竞争者的丑恶表演，简直是人类演艺界某些坏风气的活生生的写照。《一对情人并着肩》一篇中的那一对灰鹦鹉夫妻对他人生活指指点点时的丑陋面孔，在当今现实生活中比比皆是。谁没在生活中遇上个把在背后任意指点，随意评判他人人生的家伙？你可有对象？什么？没有对象？那怎么不赶快谈一个？什么？有对象了？对象多高，长什么样，收入多少，买房了吗？为什么还不结婚？为什么不赶紧要孩子？打算生二胎了吗？他们长舌如剑，直指别人的每一个日子，让人愤愤然，却又无可奈何。

所以，时至今日，我们还会捧起瑟伯的书来读，感受他的文字、他的故事对时间的这种穿透力。

对了,更让我深深爱上瑟伯的,是他的童心。没想到,这位大家竟然写了很多出色的童话:《公主与月亮》《十三只钟》《白鹿》。他的童话,故事看似俗套,却总在结尾处有跳出俗套的惊人之笔。

而翻译瑟伯的寓言故事集则不仅仅是一种享受了,更有无限的惶恐。短短的一篇,恨不得琢磨上个把月。为了不负这样的美文,只能不断地读原文,一读再读,再读而三读,读出字里韵味、字外深意。更有一点,瑟伯文中的灵活的用典,对名篇名句的化用,行文时穿插以谚语、传说,但又绝不字字照搬,无一不使得阅读更富趣味。特别是,他会将一些大俗话巧妙增删或改掉若干字,令人读来忍不住会心一笑。如他将"每一个成功的男人背后都有一个女人"改为"男人的前方而不是背后,总有一个女人";他借杂草之口,讽刺玫瑰是"战争之花",指的是英国历史上的玫瑰战争,即英王爱德华三世(1327—1377年在位)的两支后裔兰开斯特家族和约克家族的支持者为了争夺英格兰王位而发生的断断续续的内战;他将19世纪美国著名作家和诗人埃拉·惠勒·威尔科克斯的诗句"笑则天下笑,泣则独自泣①"化用为"笑则天下笑,爱则独自爱";他直接套用莎翁名句作为故事标题;他信手引用《马太福音》6:26一节中的句子:"你们看那天上的飞鸟,也不种,也不收,也不积蓄在仓里,你们的天父尚且养活它。你们

---

① Laugh, and the world laughs with you; /Weep, and you weep alone.

不比飞鸟贵重得多吗?"将之浓缩成一句:"上帝只养活麻雀"。他还引用一些并不十分大众化的诗句,作为寓意放在故事最后,比如,他引用威廉·诺克斯的诗《必死之人何必心高气傲?》中的一句"从呱呱坠地到裹尸布加身,如流星般短暂,必死之人又何必心高气傲?"作为《救生船上的猫》一篇的寓意;他摘取英国18世纪抒情派诗人托马斯·格雷的名诗《墓畔哀歌》中的一句"世上有多少纯净明媚的玉石,淹没在深不可测的幽幽海底",反其哀怨深沉的风格,用来讽刺人云亦云的盲从者……读瑟伯,常觉文中遇故知,这种感觉很有意思,我努力地将这些"故知"寻找出来,做上简注,或许可以引得读者们会心一笑。

瑟伯的书,宜夜半无人时静读,于深夜里,或哑然失笑,或掩卷沉思,或曼声叹息。

不亦乐乎。

城里老鼠下乡记

从前,某个星期天,一只城里老鼠下乡,去拜访一只乡下老鼠。乡下老鼠曾告诉他该坐哪趟火车。他躲上车却发现,星期天这趟车在贝丁顿不停。因此,城里老鼠就没法在贝丁顿下车,也没法赶上去赛伯特中转站的公共汽车,乡下老鼠本来会在那儿接他。事实上,城里老鼠被火车带到了米德尔堡,在那儿,他等了三个小时,等到一趟火车把他带回贝丁顿。到了贝丁顿,他发现开往赛伯特中转站的最后一辆公共汽车刚刚开走,于是,他跑啊跑啊跑,终于赶上了公共汽车。可等他爬上去,却发现这趟车根本不是去赛伯特中转站的,而是往相反方向去的。车载着他穿越佩尔斯霍洛和格鲁姆,来到了一个叫温伯拜的地方。公共汽车终于停了下来,城里老鼠一下车便遇上了暴雨,并且他发现,当晚开往任何一个地方的车都没有了。"真见了鬼了。"城里老鼠说。然后,他往城里走去。

寓意:待在你该待的地方最安逸。

小姑娘与狼

从前,某个下午,一只大个头的狼藏在黑暗的森林里,等着一个拎着一篮子食物的小姑娘——她要把这些食物送给她的外婆。小姑娘终于来了,的确拎着一篮子食物。"你是要把那个篮子带给外婆吗?"狼问道。小姑娘说是的,是这样。于是,狼问小姑娘她的外婆住在哪里,小姑娘告诉了他,狼听后便消失在了森林里。

当小姑娘推开外婆家的门后,她看见有人躺在床上,戴着睡帽,穿着睡衣。她走到离床边不到二十五英尺的地方,便发觉那不是她的外婆,而是只狼。一只狼,就算戴着睡帽,也绝不可能像你的外婆,就像米高梅狮子[①]绝不可能像卡尔文·柯立芝[②]一样。于是,小姑娘从篮子里拿出自动手枪,一枪击毙了狼。

寓意:如今的小女孩可不像从前那样容易骗了。

[①] 米高梅是美国著名的电影公司,其标志是一头咆哮的狮子。
[②] 美国第三十任总统。

两只火鸡

从前,有两只火鸡,一只年老,一只年轻。老的那只已当了多年的头领,年轻的那只想取而代之。"总有一天,我要把这个老秃鹫打翻在地。"年轻的火鸡对伙伴说。"那是当然,乔,那是当然。"他的伙伴们说,因为当时乔正用自己找到的一些谷粒来招待他们。接着,这些伙伴跑到老火鸡那儿告了密。"哎呀,我要掏出他的砂囊!"老火鸡说着,也用一些谷粒招待了这些来访者。"那是当然,道克,那是当然。"来访者们说道。

一天,老火鸡正在吹嘘自己过往的战绩,年轻的火鸡正好路过。"我要打得你满地找牙。"年轻的火鸡说。"你以为你是谁啊?"老火鸡说。于是,他们开始围着对方转圈子,寻找下手的机会。正在这时,火鸡的主人——农场主,抓过年轻的那只火鸡,把他带到一边,扭断了他的脖子。

寓意:年轻气盛,终败于此。

老虎的诡计

从前,有一只老虎从美国的一家动物园里逃了出来,返回了丛林。在被囚禁的岁月里,老虎学会了许多人类的处事方式,他想将它们应用到自己的丛林生活中。他回归丛林的第一天遇上了豹子,他说:"你我何必去捕猎,我们可以让其他动物给我们上贡。""我们该怎么做呢?"豹子问。"那容易,"老虎说,"我们可以告诉丛林里的其他动物,你我将进行一场拳击比赛,每一个想要来观看这场对决的动物,都得带一头刚猎杀的野猪。然后,我们随便比画两下,并不真的伤到彼此。过后,你可以说,第二轮的时候你的爪子断了根骨头。我呢,在第一轮的时候就说我的爪子断了根骨头。然后我们可以宣布择日再战,那样他们将会带给我们更多新近猎杀的野猪。""我觉得这法子不行。"豹子说。"哦,这法子肯定行。"老虎说,"你只要四处游说,宣称你稳赢不输,因为我不堪一击。我呢,也会到处游说,宣称我稳赢不输,因为你不堪一击。这样一来,所有动物都想来看我们的比赛,一探究竟。"

于是豹子四处游说,告诉所有动物他稳赢不输,因为老虎不堪一击；老虎呢，也四处游说，告诉所有动物他稳赢不输，因为豹子不堪一击。进行比赛的那天夜晚，老虎和豹子都饥肠辘辘，因为他们完全没有外出猎食，他们想尽早结束比赛，以便尝到来观看比赛的动物们给他们带来的新鲜的野猪肉。可到了约定好的比赛时间，一个观众也没来。"据我看来，"狐狸告诉他们，"大家不来观看比赛的原因大概是这样的，如果豹子稳赢不输，老虎也稳赢不输，那么岂非要以平局收场，这种比赛看来太无趣了。特别是两个参赛者都不堪一击，那就更无趣了。"动物们都看出了这层逻辑，所以都没有前来。直到午夜时分，显然不会有动物来了，也不会有野猪肉供他们享用。于是，老虎和豹子愤怒地向对方扑去，结果两败俱伤，加之他们饥饿不堪，漫步路过的两只野猪袭击了他们，轻易地把他们杀死了。

寓意：如果动物按照人类的方式生活，那么最终将灭亡。

聪明绝顶的苍蝇

在一座老房子里,一只大蜘蛛为了捕捉苍蝇,织了一张漂亮的大网。一旦有苍蝇落到网上被缠住,蜘蛛就会把他吃掉。这样,有别的苍蝇飞过来,依然会觉得这张网是一个适合休息的安全宁静之地。一天,一只聪明绝顶的苍蝇嗡嗡嗡地绕着网飞了许久也没有落下来,于是蜘蛛出现了,说:"来吧,下来!"可这只苍蝇太聪明了,根本不上当。苍蝇说:"如果看不到其他苍蝇,我是不会落脚的。在你家我可没看到别的苍蝇。"于是,他飞走了,飞到某处,看到了许多苍蝇。他正打算降落到他们当中,一只蜜蜂嗡嗡飞过来,说:"且慢,笨蛋,那是粘蝇纸,那些苍蝇都被困住了。""别犯傻了,"苍蝇说,"他们正在跳舞。"于是,他落下去,和那些苍蝇一起被粘住了。

寓意:数量多未必就安全。

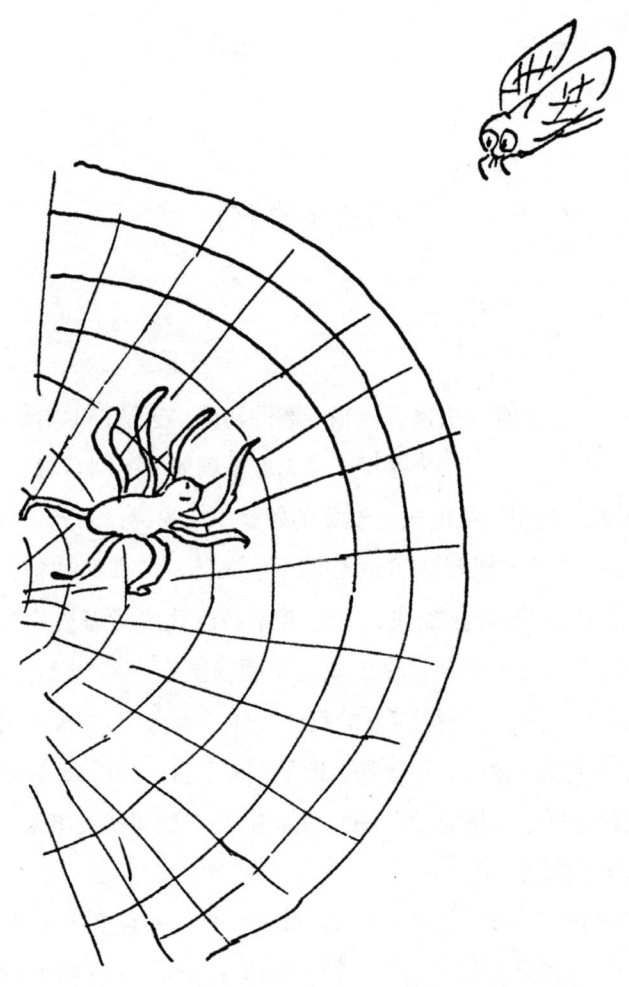

一头想飞的狮子

从前,有一头狮子觊觎老鹰的翅膀。于是,他给老鹰捎了个信儿,请他来家里。当老鹰来到狮子的洞穴时,狮子说:"我想用我的鬣毛换你的翅膀。""我说,老兄,"老鹰说,"没有翅膀我可就再也不能飞了。""那又如何?"狮子说,"我也不能飞,可这并不妨碍我成为万兽之王。我之所以有此地位,全因我这华丽的鬣毛。""好吧。"老鹰说,"不过,先把鬣毛给我。""你过来点儿,"狮子说,"我好把鬣毛给你。"老鹰走近了,狮子将一只巨大的爪子按在他身上,将他压在地上动弹不得。"把翅膀交出来!"狮子咆哮道。

于是,狮子得到了老鹰的翅膀,自己的鬣毛还丝毫未损。老鹰沮丧了一会儿,之后却又计上心头。"我打赌,你没法从那边的巨岩顶端飞起来。"老鹰说。"谁?我吗?"狮子一边说,一边走到巨岩的顶端,纵身一跃。狮子的身体太重,老鹰的翅膀承受不住,而且狮子也不知道如何飞翔,他以前从未尝试过。因此,狮子摔在巨岩脚下,粉身碎骨。老鹰匆忙爬到他身边,拿回了自己的翅膀,脱下狮子的一身鬣毛，围在自己的脖颈和肩膀上。老鹰飞回到岩石上自己的巢里，回到了伴侣身边。他决定跟她开个小玩笑，于是，他披着狮子的鬣毛，将头伸进巢中，用低沉可怕的声调说："哈啰啰啰啰啰！"他的伴侣吓得不轻，以为他是狮子，抓起五斗橱抽屉里的手枪，把他打死了。

寓意：无论何时，千万不要让一个紧张的女性持有武器。

漂亮的公鹅

以前,有只很好的公鹅,他身强体壮,毛色光滑漂亮,他花很多时间为他的妻子和孩子们歌唱。一天,有人看见他在自家院子里一边踱来踱去,一边放声歌唱,便评论了一句:"这儿有只漂亮的公鹅。"一只老母鸡无意中听到了这句话,当天晚上,她在鸡舍里对她的丈夫说了这件事。"公鹅一家常常说一些政治鼓动和宣传的话。"她说。"我向来是这么怀疑的。"老公鸡说。第二天,老公鸡绕着谷仓院子,对见到的每只家禽说,那只漂亮的公鹅是只危险的鸟,很可能是披着公鹅皮的鹰。一只棕色的母鸡记起来,有一次她隔着老远,看见这只公鹅跟几只鹰在森林里说话。"他们一准儿没干好事儿。"她说。一只鸭子也记起来,公鹅曾有一次告诉他,说自己怀疑一切。"他还冲着国旗骂见鬼去吧。"鸭子说。一只母珍珠鸡回忆说,有一次她看见有个很像那只公鹅的家伙在扔什么东西,那东西像极了炸弹。最后,每只家禽都拿起棍子和石子去袭击公鹅的家。公鹅在自家前院里昂首阔步,为他的孩子和妻子歌唱。"他在那儿!"大家叫嚣着,"这个通敌者,无信仰者,叛国者,扔炸弹的暴徒。"于是,他们袭击公鹅，把他赶出了村子。

寓意：与众不同者，必遭驱逐。

蛾子与星星

从前，一只多愁善感的年轻蛾子爱上了某颗星星。他将此事告诉了母亲，他的母亲劝告他，他应该去爱一盏落地灯。"你不可能跟一颗星星厮守在一起，"她说，"你却可以绕着一盏灯盘旋。""跟落地灯交往好歹不吃亏，"蛾子的父亲说，"而追求一颗星星，你将一无所获。"蛾子既不听爸爸的也不听妈妈的。每个晚上，当那颗星星出来时，他便开始向她飞去。每个黎明，他都因精疲力竭徒劳而返。一天，他父亲对他说："好几个月了，你连一只翅膀都没有烧伤，孩子，在我看来，你们是不可能有进展了。你所有的兄弟，在绕着街灯飞的时候，翅膀都曾严重烧伤；你的姐妹们，在绕着室内的灯飞的时候，翅膀都被严重烤焦了。来吧，别待在这儿，去扑火吧！你这样一只年轻力壮的蛾子，身上没点儿印迹怎么行！"

蛾子飞出父亲的家，不过，他既没绕着街灯飞，也没绕着室内的灯飞。他直直地朝着星星飞，尽管他们之间的距离足足有四又三分之一光年，或者说二十五兆英里。蛾子想，星星就在榆树的顶端吧。他从未到达那颗星星的面

前,可他日日夜夜,不断地尝试。当他变成一只很老很老的蛾子时,他开始坚信自己确实曾到达过星星的身边,还到处讲给众人听。这给予了他持久而深远的快乐。他活到很老,他的父母和兄弟姐妹们都在相当年轻的时候就被火烧死了。

寓意:远离我们可悲的命运者得永生。

伯劳鸟与花栗鼠

从前,有两只花栗鼠,一只公的,一只母的。

那只公花栗鼠认为,把坚果排成艺术图案,要比把它们堆起来看看能够堆多少有趣得多。母花栗鼠则坚持要把坚果尽可能多地堆在一起。她告诉丈夫,如果他放弃把坚果排成图案,他们的这个大洞穴便可以空出地方来堆放更多的坚果,很快,他便可以成为整个树林里最富有的花栗鼠。可公花栗鼠却不愿让她干扰他的创作,于是她火冒三丈,离他而去。"伯劳鸟会来抓你的,"母花栗鼠说,"因为没人帮你,你自己照顾不了自己。"的确,母花栗鼠走了没三天,公花栗鼠赴宴要穿礼服,可他找不到领扣、衬衫和吊裤带了,因此,他去不了宴会。可他却因祸得福,因为参加宴会的花栗鼠都被一只黄鼠狼袭击并杀害了!

第二天,伯劳鸟在花栗鼠的洞边飞来飞去,伺机抓他。不过伯劳鸟进不来,因为洞口被脏衣服和脏盘子给堵住了。"早饭后他会出来散步的,到时候我再抓他。"伯劳鸟想。可公花栗鼠一整天都在睡觉,根本没起床,直到天黑才吃早饭。在开始工作,设计新图案之前,他从洞里出来呼吸新鲜空气。伯劳鸟一个俯冲,想捉住花栗鼠,但因为天太黑,他看不清楚,一头撞上赤杨树枝,死了。

几天以后,母花栗鼠回来了,看见自家一片狼藉。她走到床边,摇醒丈夫。"我不在的时候你都干了些什么啊?""我想,就是接着过日子呗。"公花栗鼠说。"你坚持不了五天的。"她对他说。母花栗鼠打扫了屋子,洗了盘子,把衣服送出去洗,然后她让公花栗鼠起床洗漱、穿衣。"你整天躺在床上不运动,这样对健康不利。"她告诉他。于是,她领着他外出,在明媚的阳光下散步。他们两个都被那只伯劳鸟的兄弟,一只名叫"驼背"的伯劳鸟抓住,杀死了。

寓意:早睡早起,使男人健康、富有,并死亡。①

---

① 英语中有谚语:早睡早起,使男人健康、富有,并聪明。作者此处化用此谚语,达到幽默的效果。

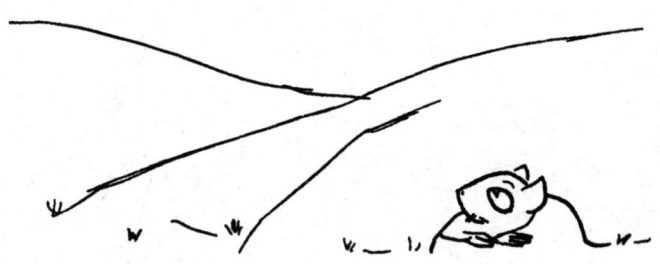

成名的海豹

一只海豹躺在一块巨大而光滑的岩石上晒太阳，他自言自语道："我这辈子最大的本领就是游泳。没有任何一只海豹有我游得这么好。"他思考着。然而，从另一方面来说，每只海豹都游得不错。生活是如此一成不变，单调乏味，他越想越沮丧。那天晚上，他远远游开，加入了一个马戏团。

不到两年，这只海豹便以表演平衡技巧而成名。他能顶台灯、台球杆、健身球、跪垫、矮凳子、美元、雪茄，以及任何你递给他的东西。他读到一本有关全美最伟大的海豹的书，他认为书里写的就是他。在成为演员的第三年的冬天，他回到了那块巨大而光滑的岩石上，去走亲访友，给他们带去了大城市的见闻：最新的俚语，装在金瓶里的酒，拉链，他翻领里插着的栀子花。他用岩石上现成的任何物品为他们表演平衡技巧，但岩石上这样的东西并不多。他结束了所有的展示，询问其他海豹，他们能否做到，他们都说不能。"好吧，"他说，"让我瞧瞧你们能而我不能的事。"因为他们能做的无非就是游泳，于是，他们都从岩石上跳到海里去了。马戏团的海豹也跟着他们跳了下去。可身上的华丽衣服——包括一双价值十七美元的鞋，阻碍了他的动作,他立刻开始下沉。因为他足有三年没有游泳了,早已忘了如何运用脚蹼和尾巴。他下沉了三次之后,其他的海豹才赶到他身边。他们为他举办了简朴而庄严的葬礼。

寓言:上帝赐你脚蹼,并不是要让你如猴般取悦他人的。

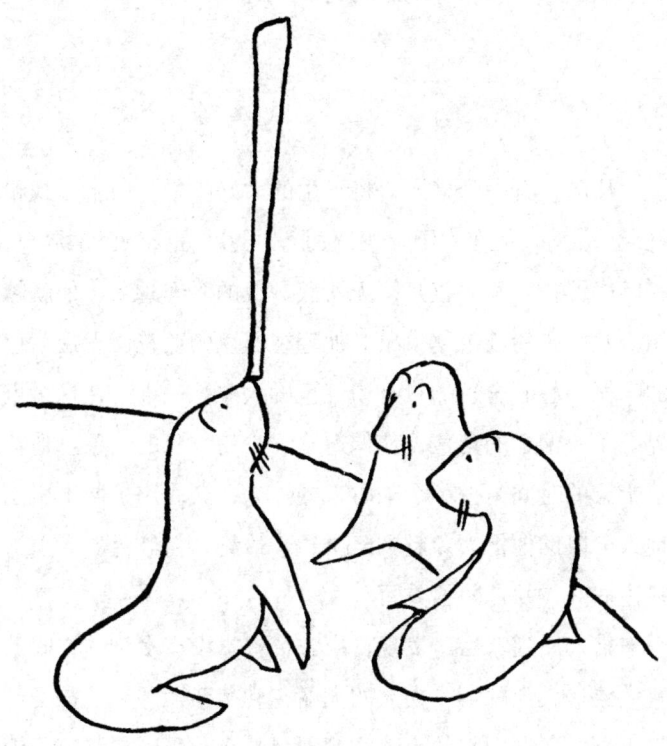

猎人与大象

从前,有一个猎人,将一生的大好年华都用来寻找粉红色的大象。他在中国寻找,在非洲寻找,在桑给巴尔寻找,在印度寻找,可一直是一无所获。找的时间越久,他就越想得到一头粉红色的大象。他轻视黑色的兰花,无视紫色的牛群,心心念念的只有粉红色的大象。一天,在这个世界上某一偏远的角落,他偶遇了一头粉红色的大象。他花了十天的时间,挖了个陷阱来捕捉它,又雇用了四十个当地人,协助他把大象赶到陷阱边。最终,粉红色的大象被抓住捆好,并带回了美国。

猎人回到家后,发现自家农场根本没有多余的空间放置大象。大象踩坏了夫人的大丽花和芍药,踩坏了孩子们的玩具,还把四邻的小动物都踩得粉身碎骨。它踩碎了钢琴和厨房的柜子,就像弄碎了几个浆果盒子。两年之后的一天,猎人一觉醒来,发现妻子和孩子都离开了他,他土地上所有的动物都死了,只剩下了这头大象。象还是那头象,只可惜它褪色了,不再是粉红色,而变成白色的了。

寓意：未到手的东西未必比已拥有的东西珍贵。

知道太多的苏格兰犬

几年前的一个夏天,一条苏格兰犬到乡下游览。他认为所有的农家犬都胆小如鼠,因为他们惧怕一只背上有白色条纹的动物。这条苏格兰犬对游览期间住的房子里的农家犬说:"你不过是只小猫咪,我可不怕你。那只长白色条纹的小动物也吓不倒我,把他指给我看。""你不想先摸摸他的底吗?"农家犬问。"不,"苏格兰犬说,"只有你们农家犬才什么都不知道。"

于是,农家犬把苏格兰犬带到了树林里,把长着白色条纹的动物指给他看。苏格兰犬走过去,咆哮叫骂。可眨眼之间,他就倒下了。当他苏醒过来,农家犬问:"出了什么事?""他卑劣地突袭了我,"苏格兰犬说,"而未行绅士的决斗之礼。"

数天之后,农家犬告诉苏格兰犬,还有另一只动物,所有的农家犬都无比惧怕。"带我去找他,"苏格兰犬说,"我不会放过任何脚下没有钉着马掌的家伙。""你不想先摸摸他的底吗?"农家犬问。"不了,"苏格兰犬说,"告诉我他在哪儿溜达就行了。"于是,农家犬将他领到树林中的某一处,那只小动物出来时,农家犬把他指给苏格兰犬看。"你这个小丑,"苏格兰犬说,"打败你简直是轻而易举。"他迫近那只小动物,伸出左脚,耍了几个非凡多变的步法。转眼间,苏格兰犬就倒在了地上。当他苏醒过来时,农家犬正在拔他身上的刺。"发生什么事了?"农家犬问。"他拿出一把刀刺向我,"苏格兰犬说,"可至少,我知道了在乡下你们是如何干架的。现在,我要揍你一顿。"于是,他逼近农家犬,用一只前爪捂住鼻子,屏住呼吸,用另一只前爪遮住眼睛,以防对手刺过来的刀。苏格兰犬看不见他的对手,也闻不到对手的气息,于是被揍得不轻,他被送回了城里,进了疗养院。

寓意:多问些问题,比以为自己什么都知道强得多。

随性的熊

从前,在遥远的西方树林里住着一只棕色的熊,个性随意。他经常走进一家卖蜂蜜酒——一种用蜂蜜酿造的酒——的酒吧,一般只喝两杯,然后把一些钱放在吧台上,说:"看看里屋的那些熊想喝点儿什么。"然后,他就回家了。可是最后,他一天中的大部分时间都沉溺于饮酒。夜里,他七倒八歪地走回家,踢倒了伞架,踢倒了落地灯,用胳膊肘撞破了玻璃窗。然后,他会瘫倒在地板上,昏昏睡去。他的太太为此非常痛苦,孩子们也惊恐万状。

最终,熊意识到自己的错误并立志改过。最后,他变成了一位著名的禁酒主义者,一位终生戒酒的演讲家。他会告诉每一个到他家来的人有关喝酒的坏处,并夸耀自己自从戒酒之后身体是如何强壮如何健康。为了证明这一点,他会拿个大顶,或是在屋子里做起侧手翻,踢倒伞架,踢倒落地灯,用胳膊肘撞破玻璃窗。然后,他会因这种健康运动累得瘫倒在地板上,昏昏睡去。他的太太为此非常痛苦,孩子们也惊恐万状。

寓意：凡事莫过分，过犹不及。

猫头鹰即上帝

从前,在一个没有星光的夜晚,一只猫头鹰坐在一棵橡树的树枝上。两只鼹鼠试图悄无声息地经过而不被发现。"嘿,你们!"猫头鹰说道。"是谁?"两只鼹鼠颤抖着说,又惊又怕,因为他们无法相信,在如此浓黑的夜色中会有谁还能看得见他们。"你们俩,站住!"猫头鹰说。两只鼹鼠飞也似的跑了。他们告诉田野和森林里所有的生物,说猫头鹰是世界上最伟大、最睿智的动物,因为他在黑夜里也能看得见,并且无所不知。"这我得去了解一番。"一只蛇鹭说。于是,一个同样暗黑的晚上,他拜访了猫头鹰。"我举了几只爪子?"蛇鹭问。"两只。"猫头鹰回答得完全正确。"'也就是说','换句话说',换一种说法是什么?"蛇鹭又问。"即。"猫头鹰说。"一个有情人,为何去见他的爱人?"蛇鹭问。"为了求爱。"猫头鹰说。

蛇鹭火速回去,告诉所有动物,说猫头鹰的确是世界上最伟大、最睿智的动物,因为他在黑夜里也能看得见,并且无所不晓。"他白天也能看清东西吗?"一只火狐问。"能。"一只睡鼠和一条法国贵宾犬答道。"居然问他白天也能看清东西吗?"所有的动物都大声嘲笑这一愚蠢的问题。他们袭击了提出这个问题的火狐和他的朋友们,将他们赶出了这片区域。然后,他们派出使者,给猫头鹰传去讯息,请求他做他们的首领。

当猫头鹰来到动物们中间时正值正午,阳光灿烂。他走得非常缓慢,这使他呈现出一种极其庄严之态。他圆睁大眼,双目炯炯,这使他显得举足轻重。"他是上帝!"一只普利茅斯母鸡尖叫起来。其他的动物齐声高叫:"他是上帝。"于是他们追随着他。当他撞上什么东西时,他们也撞上去。最后,他们来到一条混凝土公路上,猫头鹰站到路当中,所有的动物也都跟随着他。这时,一只打头阵的老鹰看到一辆卡车正以五十英里的时速冲着他们驶来,他向蛇鹫汇报,蛇鹫向猫头鹰汇报。"前方有危险。"蛇鹫说。"即?"猫头鹰说。蛇鹫告诉了他这一危险状况。"难道你不怕吗?""怕谁?"猫头鹰镇定地说,因为他目不能视,看不到卡车。"他是上帝!"所有的动物再次叫起来。他们一个劲儿地叫着:"他是上帝!"直到卡车飞驰而来,将他们通通碾轧。有些动物只是受了伤,但大多数动物都死了,包括猫头鹰在内。

寓意:骗人一时,便骗了人一世。

披着狼皮的羊

不久前,有两只披上了狼皮的羊混入狼群,化身为间谍监视着一切。他们进入狼群的时候,刚好赶上节日,这一天所有的狼不是在酒馆里欢唱就是在大街上狂舞。第一只羊对他的同伴说:"狼与我们一样,也嬉笑玩闹。在狼之国,天天都过节。"他在一张纸上记下笔记(这是间谍之大忌),并起了标题:"置身狼群二十四小时"。因为他已决定不再做间谍,而要写一本有关狼之国的书,并为《羊群家之侣》杂志撰写文章。另一只羊猜到了他的意图,于是提前溜走了,开始着手写一本名为"置身狼群十小时"的书。第一只羊发现同伴不见了,便猜到了缘由,于是他拍电报给他的出版商,电汇了书稿,书名为"置身狼群五小时",并且抢先发表了。另一只羊呢,立刻将自己的手稿卖给一家报业集团进行连载。

两只羊都给自己的族群传递了同样的信息:狼与羊性情一样,也嬉戏玩闹,在狼之国,天天都过节。羊之国的公民们对此深信不疑,于是他们撤下了哨兵,移除了壁垒。一个夜晚,狼群突袭了羊群,他们咆哮着,垂涎欲滴,杀死这些羊如同碾死蚂蚁一般容易。

寓意：白纸黑字，并不可信。

鹳先生和他的老实太太

一只丹麦鹳有个习惯,每周要有六个晚上跟狐朋狗友们去狂欢,喝点儿酒,赌两把,玩玩配对游戏什么的。他的家在一个烟囱顶上,他的太太自结婚后就从不迈出家门一步,因为他不想让太太了解雄鹳的生活方式。要是聚会不挪到鲁宾家接着进行的话,他一般都是差不多凌晨四点回家。他总是给太太带回一盒糖,还总是要找一个借口,通常是胡说八道。"我出去送子了①。"他会这样说,"真把我累惨了,可这是我的职责嘛。""你给谁送子?"一天早上,他太太问道。"给人类啊。"他说,"没有其他动物的帮助,人类便无法传宗接代。其他动物都可以,只有人类束手无策。从获取食物、衣服,到寻找伴侣,所有的一切,人类无不仰仗其他动物。"正在这时,电话响了,鹳先生便去接电话。"又有一个婴儿要出生了。"他挂上电话,说道,"今晚,我还得出去。"于是,那天晚上他又出门去了,直到早上七点半才回家。"这一回情况非常特殊。"他

---

① 在欧洲,白鹳有"送子鸟"之称。

递给太太一盒糖果,说道,"五个女孩子。"他没有提及的是,这五个女孩都是二十来岁的金发大姑娘。

不久,鹳太太开始思考了。她的丈夫嘱咐过她不要离开鸟巢,因为这个世界处处是陷阱,但她开始怀疑这一点了。于是,她飞进大千世界,去观看,去聆听。由此,她学会了报时,学会了对男人的话心存怀疑。她发现,正如那首诗所言:"甜言蜜语固有用,及时下手方为强。"[①]她发现,人类的后代从来不是鹳带到世间的。这最后一个发现对她是一个巨大的打击。但是对鹳先生而言,第二天早上五点四十五他回到家时,他面临的打击则更加巨大。"你好啊,送子天使。"他的太太冷冷地说,"今天那金发的五胞胎可好?"然后,她抄起烟囱上的砖头朝他的头顶砸去。

寓意:男人是天生的谎言家,女人忠诚地守住家。

---

① 这两句原本为美国诗人奥格登·纳什的打油诗,讽刺了男人在外接近女性时的丑态。

海中绿岛

公元1939年一个可爱的早晨,一个小个子老绅士起床,将卧室的窗子全部打开,让生气勃勃的阳光照进来。一只黑色的蜘蛛本来在阳台上打盹儿,见状向他冲过来,虽然蜘蛛的准头不够,没有叮到他,可也没偏多少。老绅士下楼来到餐厅,正要坐下来,享用一桌子丰盛的早餐,他的孙子,一个名叫伯特的男孩,抽掉了他屁股下的那张椅子。老绅士的屁股摔伤了,还好没有伤着骨头。

他一瘸一拐地走上街,走向一个小公园,那里有很多的树,对他而言这里就像一个海中的绿岛。一个颜色鲜艳的呼啦圈冲着他滚过来,把他绊倒了。呼啦圈是一个讨厌的小女孩故意滚过来的。老人家蹒跚地走了一会儿,又受到了惊吓——一个胆大包天的抢劫犯在光天化日之下用枪顶住了他的肋骨。"把手举起来,老兄。"抢劫犯说道,"把东西全部交出来。"这位老兄不情愿地把手表、钱和金戒指交了出来,那戒指是他母亲在他还是小男孩儿的时候给他的。

最后,老人家趔趄着走进小公园,这里曾经是他的圣地。他发现公园里有一半的树都因枯萎病而死了,另一半则被虫子咬死了。树叶全部掉光了,无法再为他遮住那片天空。因此,上百架飞机突然出现在他头顶的天空,它们透过投弹瞄准器把这个小个子老绅士看得清清楚楚。

寓意:世事无常,珍惜当下。

乌鸦和黄鹂

从前，一只乌鸦爱上了一只巴尔的摩黄鹂。乌鸦看见黄鹂每年春天从他的巢的上空飞往北方，每年秋天从他的巢的上空往南飞。他觉得她真是秀色可餐。乌鸦注意到，黄鹂每年都与不同的雄鸟一起往北飞，不过，他没注意到所有的雄鸟都是巴尔的摩黄鹂。"每位男士都可以得到那个妞儿。"他自言自语。于是，乌鸦跑到他太太那儿，对她说，他爱上了一只巴尔的摩黄鹂，那只黄鹂非常可爱。乌鸦说他要离婚，于是，他太太干脆利落地打开门，把帽子递给他。"她把你甩了的时候，你不要到我这里来哭。"她说道，"这种候鸟是没有脑子的。她不会做饭也不会缝纫。她发出的高音像汽车拐弯时发出的声音那么刺耳。在任何一本字典上你都可以查到，乌鸦是最聪明、最能干的鸟儿——或者说，曾经是，直到你加入这个种族。""呸！"公乌鸦说，"呸！你只不过是个喜欢忌妒的女人罢了。"他扔了几张钞票给她。"拿去吧，"他说，"去给自己买两件漂亮衣服。你看起来就像一个烧水壶的壶底。"然后，他出发去找黄鹂了。

正值春天,他在黄鹂飞往北方的路上遇上了她,她的身边陪着一只他从来没有见过的公黄鹂。乌鸦拦住了母黄鹂,倾诉他的衷曲 —— 或者不如说,他发出了求偶的叫声。总之,他用刺耳难听的声音向她求婚,换来她无情的嘲笑。"你的声音听起来就像一个破旧的窗户开关时的声音。"她打着响指对他说道。"我比你的男伴高大强壮。"乌鸦说,"我的词汇量也比他丰富,我所拥有的谷物,全国的黄鹂一起使劲儿也搬不动。我是一个出色的哨兵,一有危险,我能叫得声震四野。""你所说的这一切,除了能吸引另一只乌鸦之外,我想不出还能有谁对此感兴趣。"母黄鹂说。她一面嘲笑他,一面继续向北飞。公黄鹂朝乌鸦扔了几个硬币。"拿去吧,"他说,"去给自己买两件漂亮衣服,你看起来就像一个烧水壶的壶底。"

乌鸦伤心地飞回自己的巢,他的太太不在,他看见前门上钉了一张纸条,上面写着:"我跟着伯特走了,你可以在药箱里找到砒霜。"

寓意:背弃别人的人,最终将被别人唾弃。

挑战世界的大象

某个早晨,一头非洲大象醒来,心中生出一个信念,相信自己只需一次战役就可以一劳永逸地打败世间所有的动物。他奇怪自己为何没有早想到这一点。吃罢早饭,他首先拜访了狮子。"你仅仅是万兽之王,"大象发出咆哮,"然而,我才是最优秀的战士!"他只用了一刻钟就毫不留情地击败了狮子,显示出了自己的实力。然后,他又挑战了野猪、水牛、犀牛、河马、长颈鹿、斑马、老鹰和秃鹫,并迅速取得胜利,这些动物都成了他的手下败将。自此以后,大象每天大多数的时间都躺在床上,吃着花生,而那些被他打败的动物都成了他的奴隶,为他建造世界上任何动物都不曾拥有过的巨大豪宅。这座豪宅有五层,用非洲能找到的最坚固的木材建成。豪宅完工时,百兽中最优秀的战士搬了进去,并宣称,他可以将世间所有的动物打个落花流水。他让所有的挑战者去豪宅的地下室找他,他在那里建了一个比常规大小要大上十倍的拳击场。

数天过去,大象接到了一封匿名应战信。"明天下午三点,你的地下室见。"信上写道。于是,第二天下午三点，大象到地下室去见这个神秘的挑战者，可那里却空空如也，至少他没有看见任何动物。"无论你躲在哪里，给我出来！"大象咆哮道。"我并没有躲起来。"一个细小的声音响起。大象翻箱倒柜，把地下室翻了个底朝天，以头撞击炉管，连地基都动摇了，却一无所获。最后，大象咆哮着说，这完全是一场骗局，一个诡计——有可能是谁在用腹语说话——他永远不会再到地下室来了。"哦不，你会来的。"那个细小的声音说道，"明天下午三点，你还会来这儿，并将仰面躺倒在地。"大象大笑，声震屋宇。"我们走着瞧。"他说。

第二天下午，大象在五楼的地板上睡觉，两点半醒来，他看看腕表。"一个连影子我都见不着的家伙，是不可能再把我引到地下室去的。"他咆哮完这句话后接着睡觉。三点整，整个屋子开始颤抖不已，似乎是一场地震要将房子摧毁。柱子与大梁如芦苇般弯曲、折断，因为上面钻满了小孔。第五层转眼即垮，塌至第四层，第四层又塌至第三层，第三层又塌至第二层，第二层又塌至脆弱得好像篮子底儿一样的第一层。大象一下子落到了地下室，重重地砸在水泥地面上，果然仰面躺倒在地，他完全失去了知觉。一个细小的声音开始数秒，数到十秒的时候大象苏醒了过来，可依然无法站起。"你是什么动物？"他质问那神秘的声音，他声音颤抖，毫无威慑力。"我是白蚁啊。"那声音回答。

其他的动物费了九牛二虎之力，用了整整一个星期的时间，才将大象从地下室拖出来，投入监牢。精神颓丧的大象在那里度过了余生。

寓意：胜利有时候也属于弱小者，因强大者常常自己吹响
　　　失败的号角。

不飞的母鸡

在美国中西部地区的某个州住着一只斑点母鸡,她非常反对飞行。因为她年轻的时候目睹过往北飞的野雁中有两只被猎人射中,他们一个俯冲,撞进了林子里。于是,她在村里四处走动,告诉大家飞行是危险的,任何一种家禽都应该脚踏实地。每一次,当她步行穿越那条农场附近的混凝土公路,她都会发出咯咯的声音甚至尖叫起来。有时她走得挺顺利,有时呢,她差一点儿就被路过的车给撞了。她的五个姐妹和三个女婿在一个月(七月)之内,都在穿越这条路时被撞死了。

不久,一只很大胆的北美鸳鸯开设了往来于公路的航空业务。每载一只母鸡或是公鸡,收取五粒玉米,小鸡则收两粒玉米。可这只斑点母鸡呢,因为在社区很有点儿势力,她四处咯咯乱叫,碎嘴唠叨,告诉大家空中旅行是不安全的,而且永远不会安全。她劝说小鸡们不要坐在北美鸳鸯的背上飞行。北美鸳鸯生意失败,回森林去了。没出一年,这只斑点母鸡,以及她的四个姐妹、三个女婿、四个姑姑和祖父都在步行穿越公路时被撞死了。

寓言：丢弃本能便无法生存。

田野里的玻璃

不久之前,一些建筑工人在康涅狄格州建一个电影厂,有一天他们留下了一块巨大的方形玻璃板,它竖立在空地上。一只金翅雀急速飞过空地,撞在了玻璃上,昏了过去。他苏醒过来以后,回到自己的俱乐部。一位护理人士替他包扎了头部,并且给了他一杯烈酒。"见鬼,发生了什么事?"一只海鸥问道。"我飞过一片草地,可是突然之间,空气在我前面凝聚成了固体。"金翅雀说。海鸥、老鹰和一只雕都纵声大笑。一只燕子严肃地聆听着。"十四年了,从雏鸟时到现在,我飞遍了这个国度,"老鹰说,"我可以肯定地告诉你,空气是不可能凝固的。水会凝固,可是空气不会。""你可能被冰雹袭击了。"雕告诉金翅雀。"或者,他是中风了。"海鸥说,"你觉得呢,燕子?""嗯……我,我觉得有可能是空气在他面前凝固了。"燕子说。大鸟儿们笑声震天响,金翅雀恼羞成怒,于是跟他们打赌,假如他们跟他一起,飞越空地,而没有撞上凝固的空气的话,他就输给他们一人一打虫子。他们都接受了他的提议,燕子也一同前往观看。海鸥、雕和老鹰决定并肩飞过金翅雀指定的路线。"你也飞吧。"他们对燕子说。"我……我……呃,不,"燕子说,"我想,我就不参加了。"于是,三只大鸟一起起飞,也一同撞到了玻璃上,一同昏了过去。

寓意:有时,犹豫不决并非坏事。

乌龟与兔子

从前,有一只博学的年轻乌龟,读了一本古老的书,书中记述了一则乌龟在赛跑中战胜了兔子的故事。他又读了能找到的所有书籍,没有任何一本书中有兔子战胜乌龟的记载。由此,博学的年轻乌龟自然而然地得出一个结论:他比兔子跑得快。于是,他便出发去寻找兔子。他四处游荡,遇上的许多动物,黄鼠狼、白鼬、腊肠犬、獾猪、短尾田鼠和地松鼠都想与他赛跑。但是,当乌龟问起他们是否比兔子跑得快时,他们的回答都是否定的,他们无法战胜兔子。(一条名叫弗莱迪的腊肠犬除外,不过并没有动物理睬他。)"嗯,我能战胜他。"乌龟说道,"所以,跟你们较量,纯属浪费时间,没有必要。"于是,他接着寻找。

许多日子之后,乌龟终于遇上了一只兔子,乌龟向他挑战,想要进行一场赛跑。"你要用什么和我比呢?"兔子问。"你别管这些,"乌龟说,"读一读这个。"他把古书拿给兔子看,同时宣扬了"跑得快的并不总是跑得快"的观念。"胡说!"兔子说,"你一个半小时都跑不了五十英尺,而我呢,一分五十秒之内就能跑完五十英尺。""一派胡言。"

乌龟说,"你甚至一秒都坚持不了。""我们走着瞧吧。"兔子说。于是他们划定了五十英尺长的比赛路程。其他的动物纷纷聚集而来。一只牛蛙安排他们站到起跑线上,一只猎犬打响发令枪,他们起跑了。

当兔子冲到终点时,乌龟大约爬了八又四分之三英寸。

寓意:一把新扫帚也许扫得干净,但是永远不要相信一把老锯子能锯得更好。

花园里的独角兽

　　一个晴朗的早晨,一个男人坐在早餐桌前,从面前的炒鸡蛋上抬起头来,看见花园里有一只独角兽。它长着金色的角,正在安安静静地嚼着玫瑰。男人走到卧室,他的太太还睡着,他把她叫醒。"花园里有只独角兽,"他说,"正在吃玫瑰花。"她不耐烦地睁开一只眼睛看着他。"独角兽是神话中的兽。"她说,转了个身背对着他。男人慢慢地下了楼,走到花园里。独角兽还在那儿,正在吃郁金香。"给你,独角兽。"男人说,他摘下一朵百合花,递给独角兽。独角兽大口吞下花儿。因为花园里来了一只独角兽,男人志得意满,走上楼去,又把太太叫醒。"那独角兽,"他说,"吃了朵百合花。"他的太太从床上坐起来,冷冷地看着他。"你这个傻瓜,"她说,"我要把你送到疯人院去。"这个男人向来忌讳"傻瓜"和"疯人院"之类的字眼儿,尤其是在花园里有只独角兽的阳光明媚的早晨。他思考了一会儿,说:"咱们走着瞧。"他朝门口走去。"它的前额长着一个金色的角。"他对妻子说。然后,他回到花园去看那只独角兽,可独角兽已经走了。男人坐在玫瑰花丛中睡着了。

丈夫刚走出房间，太太便起床了，并尽可能快地穿好了衣服。她非常激动，眼里闪着幸灾乐祸的神情，先打电话报警，又给精神病医生打了个电话，让他们火速带上束缚精神病患者用的紧身衣到他们家来。警察与精神病医生到来后，兴味十足地坐下来看着她。"我丈夫，"她说道，"今早看见了独角兽。"警察与精神病医生交换了个眼神。"他告诉我说，它吃了朵百合花。"她说。警察和医生又交换了个眼神。"他告诉我说，它的前额长了个金色的角。"她说。精神病医生给警察递了个郑重其事的眼神，警察从椅子上跳起来，抓住了这位太太。他们颇费了一番功夫，终于把她制服了。他们刚把束缚精神病患者用的紧身衣给她穿上，丈夫就回到了屋里。

"您是不是告诉您太太说看见了独角兽？"警察问道。"当然没有。"做丈夫的说，"独角兽是神话中的兽。""我就想知道这个。"精神病医生说，"很抱歉，先生，我要把她带走，您的太太像一只喋喋不休的松鸦一样疯狂。"于是，他们将她带走了，她一路诅咒、尖叫，被关进了某个机构。从此，做丈夫的过上了幸福的生活。

寓意：如意算盘莫打得过早。

惹是生非的兔子

在最小的孩子的印象中,在狼群附近居住着兔子一家。众狼宣称,他们不欣赏兔子的生活方式。(狼对自己的生活方式推崇之至,因为他们认为这是唯一可行的生活方式。)一天晚上,几只狼在地震中丧生。这件事是兔子的责任,因为众所周知,兔子用两条腿蹬地,引发了地震。另一个晚上,一只狼被雷电劈死,这件事也怪罪于兔子,因为众所周知,雷电是由吃莴苣的动物引发的。狼威胁说,如果兔子继续为非作歹,他们将施以管教。兔子们决定逃到一个荒岛上去。但是其他住在远处的动物奚落他们说:"你们必须守住阵脚,要勇敢。这个世界绝没有逃避主义者的容身之地。如果狼攻击你们,我们多半会来施以援手。"于是兔子们继续在狼群附近生活。有一天,暴发了一场可怕的洪水,许多狼被淹死了。责任归到了兔子头上,因为众所周知,长耳朵并小口小口吃胡萝卜的动物会引发洪水。为了自己的利益,狼群对兔子们下手了,把他们关在了黑暗的洞穴里。

由于连续几个星期没有听到兔子的消息,其他动物要

求被告知兔子遭遇了什么。狼回答说兔子已经被吃了,既然兔子已经被吃到肚子里了,此事就纯属他们内部的事情了。但其他动物警告狼说,除非有消灭兔子的正当理由,不然他们可能会联合起来攻击狼群。于是,狼给了他们一条理由。"他们企图逃走,"狼说,"你们也知道,这个世界绝没有逃避主义者的容身之地。"

寓意:在你尚能逃离危险的时候,不要犹豫,快逃。

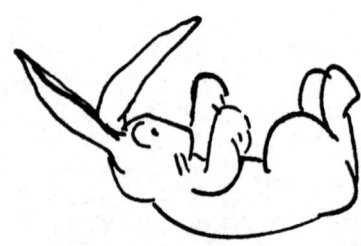

母鸡的预言

从前,一只小红母鸡正在谷场上捡小石子、小虫子和种子吃,这时,有东西落到了她的头上。"天塌了!"她叫道,然后开始飞跑,边跑边叫,"天塌了!"她遇上的所有公鸡、火鸡和鸭子都嘲笑她,就像毫不畏惧的你们嘲笑惊慌失措的人们一样。"你在说什么呀?"他们哈哈大笑。"天塌了!"小红母鸡叫着。最后,一只高傲的公鸡对她说:"别犯傻了,亲爱的。打中你脑袋的不过是粒豌豆。"他笑啊笑啊,除了小母鸡,所有的动物都大笑不已。突然,随着可怕的轰鸣声,一大块凝固了的云,大块结成冰的蓝天从天而降,砸在每只家禽的头上,所有的动物都送了命。大笑的公鸡、小红母鸡、谷场上所有的动物都死了。因为天真的塌了。

寓意:万事皆有可能。

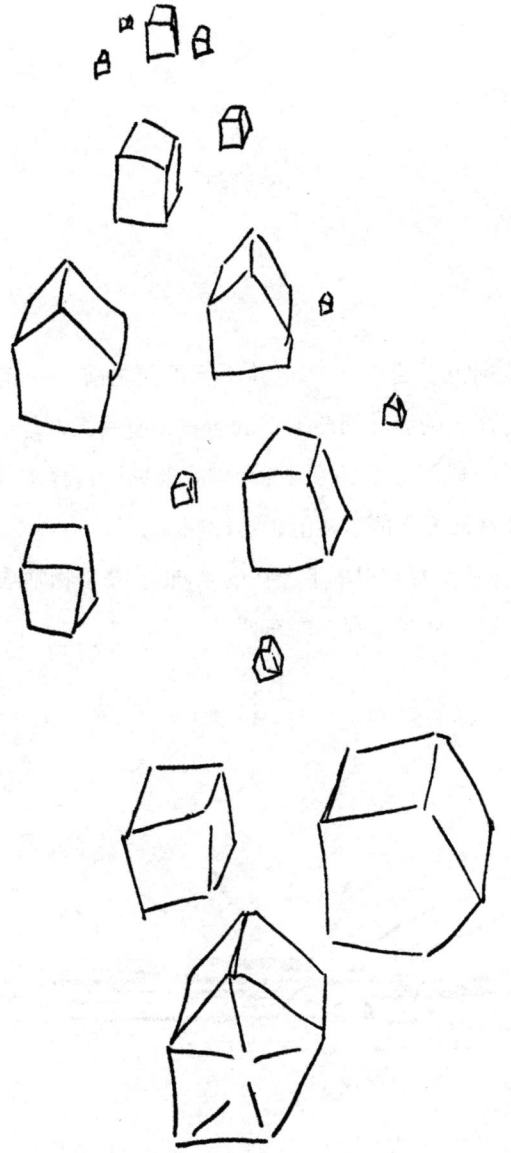

海与岸

从远古伊始——那也并不算很久之前——有一对生活在海洋里的表面凹凸不平的生物,有一天,他们被冲到了岸上,成了陆地的发现者。"从未见过这样的光!"母生物躺在阳光下的沙滩上,这样叫道。

"你总是看到根本不存在的东西。"公生物咕哝着,"你总是向往一些尚未存在的东西。"

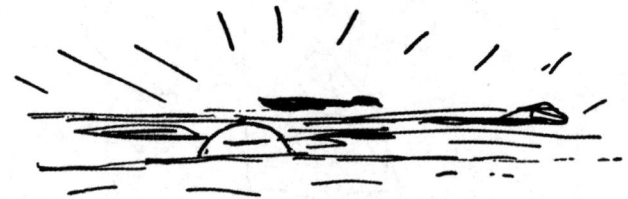

可这只母生物，躺在阳光下的沙滩上，其模糊的直觉与预知功能开始进化。她不甚清晰地预言道，有朝一日某些东西会变成玫瑰花纹网的花边、塔夫绸、甜美芬芳的香水还有珠宝。公生物却只能感知潮湿与水流，他喃喃道："你和这些东西一样，有点儿潮湿，有些潮湿且不能成形。"

"我只要稍稍瘦瘦腰就行了。"她说，"这只需要不超过一百万年的时间。"于是，她开始了进化的过程，几乎是不知不觉地，朝着沙滩之外那一丛矮小的棕色植物而去，朝着太阳而去。"来啊。"她说。可公生物却缩成一团，退回到海中，消失不见了。

几亿万年之后，公生物无法忍受孤独，于某天再度来到海岸上。他略感满意地注意到，母生物那毫无形状可言的躯体已逐渐成形，几乎称得上体态匀称了。他又回到了大海中，但他内心深处那盲目的冲动让他臣服于自己脆弱

的一闪而过的欲望。突然之间,海洋显得不那么令人满意了。他转身游上沙滩开始进化,向着母生物的方向而去。母生物似乎再有两千年的时光便可以到达那正在变绿的矮树丛那里了。"嗨,玛格,"他叫道,"等等我嘛!"

寓意:让我们来思考一下这一关乎人类的基本事实:男人的前方而不是背后,总有一个女人。

关于蟾蜍的真相

一个仲夏夜,在动物俱乐部里,一些成员开始吹牛皮,吹嘘他们各自是如何与众不同或是成就非凡。

"我可是一只真正的金刚鹦鹉。"金刚鹦鹉骄傲地尖叫着。

"好吧,麦克,别激动。"酒吧老板渡鸦说道。

"你们一定已经看到过,我是从何等人物手中逃脱的。"马林鱼说道,"那家伙,足足有两百三十五磅。"

"若不是有我,太阳怎会升起?"公鸡自夸道,"而黑夜对黎明的渴望也将永远不能满足。"他拭去一滴泪珠,"若不是有我,没人会自床上起身。"

"若不是有我,世界上一个人也不会有。"鹳傲慢地提醒他。

"我告知众人春天的来临。"知更鸟啁啾着。

"我告诉众人冬天何时过去。"土拨鼠说。

"我告诉众人,冬天是多么的严寒。"灯蛾毛虫说。

"暴风雨即将来临时,我便在低处悠荡。"蜘蛛说,"如果我不在低处悠荡,暴风雨就不会来。世间若无暴风雨,人们便要死于干旱。"

老鼠也加入了这场表演。"你们知不知道哪里流传着这样一句话:'这里一个活物也不见,甚至连老鼠都没有。'"他打了个嗝儿,"呃,各位,这话里所说的小老鼠,就是在下。"

"安静!"渡鸦说,他写了一块招牌,此刻正将它挂在酒吧上方显眼的地方,"打开大多数的心门,你会看到,铭刻其上的是'虚荣'。"

动物俱乐部的成员们盯着那块牌子。"说的可能是狼,他总认为是他建成了罗马。"猫说。

"也可能说的是大熊,他以为他是星星制成的。"老鼠说。

"也有可能说的是金雕,他以为他是金子铸成的。"公鸡说。

"或者,说的是绵羊,他以为人类不念叨着他们,便不能安然入睡。"马林鱼说道。

蟾蜍来到酒吧,点了一杯绿薄荷奶昔,外加一只萤火虫。

"萤火虫会让你头昏眼花。"酒保警告说。

"不会的。"蟾蜍说,"什么也不能让我头昏眼花。我脑中自有珍宝在。"俱乐部的其他成员全都半信半疑地盯着他。

"当然,当然。"酒保咧嘴一笑,"它是蟾毒,是吧,霍皮①?"

"这珍宝是无比美丽的翡翠。"蟾蜍将萤火虫从奶昔中拿出来,将奶昔一饮而尽,冷冷地说,"绝对无价的翡翠,价值连城。再来一杯。"

酒保又调制了一杯绿薄荷奶昔,可这次在奶昔里放了一只鼻涕虫。

"我不相信蟾蜍脑中有珍宝。"金刚鹦鹉说。

"我信,"猫说,"没有人能以如此丑陋之相还活在世上,除非他脑中有翡翠。"

"我与你赌一百条鱼,他没有。"鹈鹕说。

"我与你赌一百只蚌,他有。"矶鹬说道。

这一次,蟾蜍喝奶昔喝得心满意足,昏昏欲睡。俱乐部的成员们争论着如何去发现他的脑中是否有翡翠或其他珍宝。他们从后面的房间唤出啄木鸟,向他解释发生的一切。"如果他的脑上无洞,我便来打一个。"啄木鸟说道。

他的脑中,没有什么闪闪发光的、可爱的或珍贵的东

---

① Hoppy,吸毒成瘾者。

西。酒保关了灯,公鸡啼叫,太阳升起,动物俱乐部的成员们默默地回家睡觉去了。

寓意:打开大多数心门,里面不见闪光的东西,甚至连思想都没有。

蝴蝶、瓢虫和东菲比霸鹟

东菲比霸鹟是一窝幼鸟的父亲,一天飞出去为幼鸟们觅食,途中他碰上了一只疯狂飞舞着的瓢虫。

"我听说,你们能捉住任何一种体积比高尔夫球小、速度比声音慢的东西。"瓢虫说道,"因为你们是苍蝇捕手中速度最快的。可我的家着了火,要不是我从家中飞出来,我的孩子们都要被烧死了。"

东菲比霸鹟有时希望自家的房子也着火,心中有些罪恶感。于是他让瓢虫飞走了,转而将注意力转移到一只蝴蝶身上。

"你的房子也着火了吗?你的孩子就要被烧死了吗?"东菲比霸鹟问道。

"从来没有这样的俗事发生在我身上。"蝴蝶说,"我没有孩子,也没有房子,众所周知,我是一个天使。"她冲着周遭的世界扇着翅膀。"这里是天堂。"她说。

幼鸟们将蝴蝶当成那天晚上的甜点。"天堂的美味。"他们异口同声地叫起来。

寓言：在天堂可以毫无防范，可最好认清眼下你身在何处。

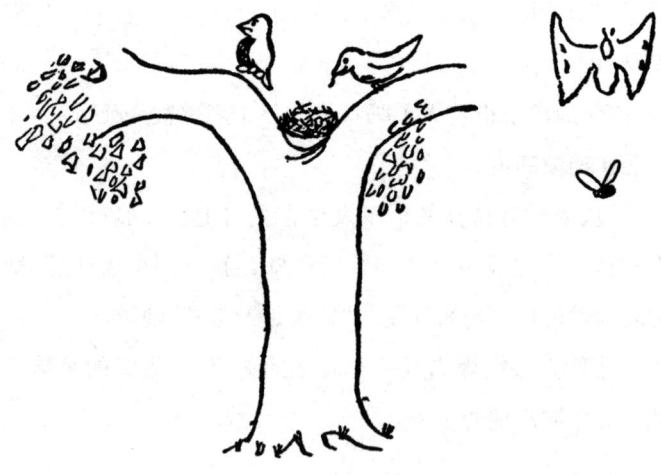

有勇无谋的老鼠和小心谨慎的猫

那一天,发生了这样一件奇事:猫儿不在,老鼠们便在厨房和储藏室里玩起了各式各样的游戏——老鼠想要一个角落、尖叫捉迷藏、一只老猫、穿靴子招摇,诸如此类。接着,猫儿回家了。

"猫回来了!"老鼠爸爸小声警告。

"躲到护墙板里去,全体行动!"老鼠妈妈说。所有的老鼠都行动了,匆匆忙忙躲进了护墙板当中,只有一只老鼠例外。

这只与众有别的老鼠是一个古怪的家伙,名叫莫文,他曾胆大包天地咬了斗牛犬的耳朵,并全身而退。当时莫文并不知道,也永远不会知道,那只斗牛犬只是个玩具,他不过做了场黄粱美梦。

这一天,这只名叫潘塞达的猫从外面回到家,让她惊讶万分的是,她在储藏室里遇见了莫文,那一刻莫文正在若无其事地啃着面包屑。猫儿蹑手蹑脚地向他走去。莫文转过身,把一小块面包屑吐在她的眼睛上,并且对她破口大骂,这让猫儿震惊无比。

"你是打哪儿蹦出来的?"①莫文镇定地发问,"去换上睡衣,睡上一觉吧。"他继续啃着面包屑,悠然自得。

"镇静,潘塞达,"潘塞达自言自语道,"事情远远不是这么简单。这只老鼠有可能是一个殉道者。他吞下了毒药,指望我吃掉他之后倒地而亡,那样他就成了一个英雄,享誉千秋万代了。"

莫文扭过头去看了一眼,看着那满面透着吃惊与怀疑的猫儿,开始鼠声鼠气地嘲笑她。莫文说:"大懒猫,使出吃奶劲儿,追逐着小小的鼠儿。"他厚颜无耻地伸出一只脚示威。"我打那边走啰。"他告诉潘塞达。然后,他又模仿了几位名士,包括那位 W. C. 菲尔茅斯②,这个模仿得最好。

"淡定点儿,姑娘。"潘塞达自言自语,"这是只机械鼠儿,是一个骗局,他身体里一定内置了发声装置。要是我扑过去,他便会爆炸,将我炸得粉身碎骨。这些鼠儿,聪明得要死,不过可聪明不过我。"

"如果你还有几分胆量的话,就会勇往直前了。"莫文傲慢地说道。尽管这侮辱难以饶恕,可潘塞达并没有扑过去。相反,她转过身,走出了储藏室,走进客厅,在壁炉旁的枕头上躺下来,安然入睡。

等莫文返回位于护墙板背后的家中,他的父亲母亲、

---

① 英语中有一习语:Let the cat out of the bag。字面意思是让猫从袋子里出来,比喻走漏了风声或是真相大白。此处是化用。
② 应为 W. C. Fields,他是一位演员,这里"菲尔茅斯"(Fieldmouse)借用他的名字做了更动;在英语里,field mouse 指田鼠。

兄弟姐妹、堂兄弟表姊妹、七大姑八大姨看到他活蹦乱跳地回来了，都惊讶无比。大家欢天喜地，饱餐了一顿最好的奶酪。"她没动我一根毫毛。"莫文吹嘘着，"我毫发无伤，卡茨基尔所有的猫儿我全能对付。"他吃完奶酪，上床安睡，梦见自己在第一轮比赛中，不到一分二十八秒便战胜了一只美洲豹。

寓意：智者裹足不前，愚者铤而走险。谨慎者上天堂，傻瓜蛋走四方。

玫瑰与杂草

在乡下的一个花园里,一朵可爱的玫瑰十分鄙视一株普通的杂草,她说:"你是一个不受欢迎的来客,不值一分一厘,外表也毫不起眼。魔鬼一定热爱杂草,是他让你们遍地丛生。"

那位不受欢迎的来客抬起头来看着玫瑰,说道:"百合腐烂的味道比杂草的味道更加不堪,以此推理,玫瑰同理。"

"我的名字是桃乐茜·帕金斯,"玫瑰傲慢地说,"你呢?——是加腊克斯①,还是膀胱草,或是荒地植物?杂草的名字都很难听。"桃乐茜轻颤了一下,并没有抖掉她那美丽的花瓣。

"一些草类的名字比帕金斯还要好听,也比桃乐茜更符合我的审美。包括银叶花草、凤仙花还有糖果草。"杂草伸直了身子,抓紧地面。"任何你可以生长的地方,我都能生长得更好。"他说。

"我想,你是株'盗贼草'吧。"帕金斯小姐轻蔑地说道,

---

① 一种美国东南部产的岩梅科常绿草本植物。

"你鸠占鹊巢,巧取豪夺,窃取了雨水、阳光和肥沃的土地。"

杂草报以杂草特有的微笑。"至少,"他说,"我并非出生于一个攀缘植物家族。"

玫瑰将身子完全伸直。"容我提醒你,玫瑰是古英格兰的象征,"她说,"我们是音乐与小说之花。"

"也是战争之花。[①]"杂草回答,"夏日之风对你来说可不是什么美好的风,而是劫掠之风。我看过多少次了,去年的那些玫瑰早已被人遗忘。"

"莎士比亚也书写过我们。"玫瑰说道,"在多部戏剧中,无数次写到。词句那样甜美,你们本不配聆听,但我还是

[①] 玫瑰战争(Wars of the Roses,1455—1485),是英王爱德华三世(1327—1377年在位)的两支后裔兰开斯特家族和约克家族的支持者为了争夺英格兰王位而发生的内战。两个家族的纹章分别是红玫瑰与白玫瑰。

为你朗诵上几段。"

　　正在此时,在帕金斯小姐开始背诵之前,西风吹来,低低地飞速掠过地面,如骑兵过境,桃乐茜·帕金斯的美丽与骄傲立刻零落成泥,变得一钱不值,而且容颜不再。杂草牢牢地站立,迎向西风,坚强如盾,想着自己是如何强大坚韧。正当他抖落脖颈间几片残落的花瓣和几只蚜虫时,园丁的大手凌空而来,在他说出桃乐茜·帕金斯或者类似凤仙花之类的话之前,就把他连根拔了起来。

寓意:正如法国人用一种比我们更古老的哲学语言和一种
　　　更为简洁的谚语所说的,一切都是过眼云烟。

自地狱归来的蝙蝠

一个蝙蝠家族居住在美国一个巨大的洞穴中,世世代代,生生不息。他们飞翔,倒挂于树枝间,吃昆虫,养儿育女。有一年,一只名叫福利特的雄蝙蝠乘着夜色飞出屋子,飞到人类出没的地方。他对自己的父亲说,他打算不做蝙蝠了。震惊之下,父亲将他送到了洞穴里所有蝙蝠的高祖父福莱德那里。

"你生于蝙蝠家族,应以身为一只蝙蝠为荣。"老福莱德说,"因为我们是这个星球上最古老的种族,比人类要古老得多,也是唯一一种会飞翔的哺乳动物。"

不知足的小蝙蝠并不为所动。"我想到人类当中,像人一样生活。"他说,"人类有最美味的食物,最有趣的娱乐活动,还有最可爱的女性。"

听到小蝙蝠这么说,老福莱德绕着洞穴发出令人费解的吱吱乱叫声。然后,他恢复了镇定,继续刚才的谈话。"有一天晚上,一个男人进入了我的屋子,"他说道,"不知道用什么方法,把我缠进了他的头发里面。这真是一个惨痛的记忆,我从此无法从痛苦中彻底恢复过来。"

"人类死后,他们进入天堂,可蝙蝠死了就是死了,"福利特说,"我想死后进天堂。"

这话逗得老福莱德以一种憔悴和伤感的方式悲鸣、尖啸。他喘息了半天后才能开口:"你并不比一头麋鹿、一只老鼠、一只鼹鼠拥有更多的灵魂,你该庆幸自己永远成不了一个天使,因为天使并不真的会飞。蝙蝠死后希望获得的是永恒的安息,而不是像蜜蜂或是蝴蝶那样永远踉踉跄跄地到处乱飞。"

可福利特主意已定,老蝙蝠的智者之言毫无用处。那天晚上,这只不知足的小蝙蝠便离开了家族,一溜烟儿地飞出了洞穴,放弃了他翼手目族的身份,满怀希望地加入了人类这个族群。然而事与愿违。头一个晚上,他倒挂在一个礼堂的橡上,这个礼堂里有一位当红的"通灵人"正在进行一场把上帝拉低到与人类齐平地位的演说。引座员悄无声息地穿行在全神贯注的听众中间,向他们兜售该演讲者的书:《与全能者握手》《你可以成为耶和华的朋友》《你获得了来世的保险单了吗?》。演讲者正说道:"你们在等车之时,或是骑车上班途中,或是坐在牙医诊所的椅子上之时,与上帝做次闲谈吧。在温馨的小角落里,与主轻松地聊天吧。"

福利特觉得,在永恒的物种面前倒挂着会不利于自己的聆听。但他在礼堂上空飞翔时,听到的句子却并无不同。"告诉上帝把它放在那里,""通灵人"接着说,"打上帝一拳。"演讲者将手举过头顶挥舞,紧盯着天花板。"保持俯视的姿态吧,上帝啊,"他说,"你已经遭到来自撒旦的双重打击。"

福利特这一生中从未感到如此恶心,他决定出去透透气。他离开之后意识到,自己并不想成为人族的一员,因为他害怕自己变成天使之后遭遇"通灵人"。于是,福利特回到了洞穴,大伙儿看到他都惊讶万分,哑口无言,一片沉默。

"我回来了。"福利特温顺地说。一切重新开始,他再也没有不知足,而是遵循着远古以来翼手目族的生活方式,飞翔,倒挂,吃昆虫,养儿育女。

寓意:正派的灵魂憎恶将上帝市侩化。

狮子与狐狸

狮子正在向母牛、山羊和绵羊解释,他们杀死的那只雄鹿属于他,这时三只狐狸出现了。"我将拿走三分之一的雄鹿作为处罚。"其中一只狐狸说,"因为你们根本没有狩猎执照。"

"我将拿走三分之一的雄鹿送给你的遗孀,"另一只狐狸说,"因为这是法律。"

"我根本没有遗孀。"狮子说。

"我们不必抠字眼儿。"第三只狐狸说,他拿走了一部分雄鹿作为预扣的税负。"以备饥荒年之需。"他解释道。

"可是,我才是森林之王。"狮子咆哮道。

"那么,你就不需要鹿角了,因为你已经有了皇冠。"狐狸们说,然后他们连鹿角也拿走了。

寓意:时至今日,骗人已不像从前那般容易了。

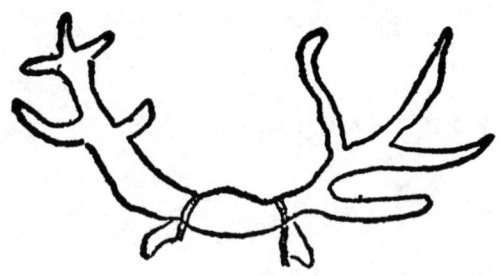

狼之下场

一条年轻而富有的狼,对除了自己之外的任何事物都不在意,他因为旷课和图省事儿而被学校开除了,于是,他决定试试,看看自己能否在八十分钟内环游地球。

"那不可能。"他的祖母告诉他,却只换来了他的露齿一笑。

"越是不可能的事越好玩儿。"他说道。

她陪着他,走到了狼群之家的门口。"你若是一意孤行,迟早会后悔终身的。"她警告他,但只换来了他的又一次露齿一笑,吐出像领带那么长的舌头。

"这不过是陈词滥调。"说完,他不顾一切地上路了。

他买了辆1959年产的"闪电勇士",它是摩托车和飞机的组合体,拥有火箭逃生装置、旋风加速器、弹式起飞仪、超亮大前灯、神奇的伸缩式机翼、瞬间变形按钮。"这玩意儿达到焚毁临界点的最快速度是多少?"他问"闪电勇士"的经销商。

"我不知道,"经销商说,"不过,你会知道的,我有预感。"

　　这条年轻富有的狼打破了所有地面上的纪录与空中的纪录，并且在其环游世界的旅途中，他还创造了许多别的纪录。从撞倒华盛顿纪念碑起飞的那一刻起，他只花了 78.5 分钟的时间便环游地球一周，又降落在了纪念碑原先矗立之处。欢迎他回乡的兽类只有十一种，因为其余的都藏在了床下。其中有一条为速度疯狂的年轻母狼，她具有与生俱来的瞬间勾引公狼的能力。没过多久，这条狼与他的新情人便创造了一系列的新纪录：头朝下飞，向后飞，盲飞，束手飞，斗鸡眼儿飞。诸如此类，不一而足。

　　一天，他们决定尝试一下一边手牵着手、看着电视，一边以 175 英里的时速飞行，看看是否能从第五大道拐入中央公园。一阵可怕的震动、碰撞、分裂、轰鸣、燃烧、爆裂、破碎之后，以四分五裂的车轮，眼前闪闪的金星，四下飞散的屋檐、屋顶、树枝、玻璃、钢铁块儿以及伤者告终。而那些逃过一劫的旁观者，看到红色大门在半空打开，巨大的门枢朝内摆动，展现出一个没有穷尽的未知空间，然后，一声巨响，门在两条半空中飞舞燃烧的狼身后关上。当这些已经确保将不会占上风的门事实上占了上风的时候，观众们惊吓而死。

寓意：吾等凡人，不知将来身归何处。然，一意孤行者，终将灭亡。

蓝鸟兄弟

据说,有一对蓝鸟兄弟丝毫无相像之处,一只是豌豆荚里的珍珠,另一只仅仅是颗豌豆。珍珠无忧无虑,豌豆怨天尤人。

"我迷恋上了爱情与生活。"乐观的那一只说道。

"我害怕婚姻与飞行。"悲观的那一只说道。

乐观的鸟儿炫耀他快乐的色彩如变色鸢尾花般美丽,他的歌声如叛军呐喊①般雄壮。他每年冬天只身往南而去,而每到春天,都会带着一只不同的雌鸟飞回北方。他的快乐哲学使他消除了恐惧的心理和内疚的压力,他获得了精神的宁静,这种境界只有很少的雄性鸟类,甚至更少的男人能够达到。

他坐姿自在,声音优美,睡眠安稳,上百棵皂荚树、樱桃树和丁香花丛都是他的眠床。他每年冬天只身往南而

---

① 南北战争时期邦联军队发展出一种独特的恐怖战吼,叫作叛军呐喊,一方面提升己方士气,另一方面对敌人心灵造成极大创伤。战后多年,很多联邦政府官兵如果忽然听到这一吼声,依然不免吓得魂飞魄散。

去，而每到春天，都会带着一只不同的雌鸟飞回北方。

夏天日落时分，这只快乐的蓝鸟飞得比云雀或是野鹅更高，他欣喜地发现，天空如他一般，蓝色中染一抹红色。

那只悲观的蓝鸟冬季只身飞往南方，春天孤影飞回北方，从来没能飞得比你扔起一个沙发更高。虽然正值壮年，可他却患上了旷野恐惧症，只能搬到地下居住，这令青蛙、狐狸、鼹鼠、地鼠、蟋蟀和蟾蜍等诸多家族感到惊讶和焦虑。有一天一条狗在埋骨头的时候将他挖出，这条狗同样大吃一惊、不知所措，于是又将他匆匆埋藏，未举行葬礼，也未有半点儿哀伤。

寓意：直面生活，强于苟且偷生。

衣蛾与月形天蚕蛾

一只衣蛾蜗居在一个衣柜里，一无所成，也别无所求，只求以羊毛与皮毛为食。一个黄昏，他从栖身处飞出，恰好看见一只可爱的月形天蚕蛾停在窗玻璃上。这只月形天蚕蛾身着美丽的晚装，冲着明亮的窗子飞舞着，姿态优美，如秋天飘落的叶子。吸引她的，是屋内的一根蜡烛，一根正在壁炉上方的台子上燃烧着的蜡烛。可衣蛾以为，月形天蚕蛾正对自己含情示好，他便也对她百般示爱。

"我必须得到你。"衣蛾说道，可月形天蚕蛾却大笑起来，笑声清脆，如仙境中的铃声。

"痴心妄想。"月形天蚕蛾傲慢地说，"你和帐篷里的蛾或是舞毒蛾一样粗俗，远不及虎蛾英俊潇洒。"

月形天蚕蛾的蔑视反而激起了衣蛾更多的爱意。"如果你与我共度一生，我必定会用毛衣与披肩喂养你。"他说道。

"你身上虽有翅膀，却只会在空中飘浮，不会飞翔或翩然起舞。"月形天蚕蛾一边说，一边试图穿过玻璃，飞到壁炉台上那像星星一样闪烁的烛光旁。

"你也能品尝婚纱、晚装或是貂皮大衣。"衣蛾气喘吁吁地说。月形天蚕蛾再度大笑,笑声清脆如仙境中的铃声。

"我只以暮光与星星为食。"她说。

"我对你一飞而钟情。"衣蛾宣称,"一舞而钟情。"

月形天蚕蛾细小的银铃般的声音变得尖厉起来。"你不过是粪土,"她说,"粪土,爬虫,庸俗的爬虫。"

这等语言是一只淑女蛾很少使用的,然而这并没有打消衣蛾的热情。

"我知道,你已经一只脚踏入坟墓,"衣蛾对月形天蚕蛾说道,"我知道你将不久于人世,所以,我要尽早地得到你。美丽的事物总是那么短暂。"

可爱的月形天蚕蛾试图逗引她的仰慕者帮助她打开窗,以便她能飞进去,飞向壁炉上方那迷人的火焰,可她却没有明说,而是让他误以为他那一番单调苍白的爱之宣言已赢得了她的芳心。他渴望接近她,于是一次又一次地飞着撞向玻璃，最终将玻璃窗撞开了一道细缝，然后，他摇摇晃晃地飘落到地板上，粉身碎骨。而那只可爱的月形天蚕蛾，心怀对星火的永恒渴望，迅捷而优雅地飞向壁炉台上的蜡烛，被它的火焰烧焦，发出轻微的"吱"的一声，如同有人将一支燃烧的香烟扔进了一杯咖啡里。

寓意：爱情是盲目的，然而，有人就是该死地执迷不悟。

一对情人并着肩①

非洲的一个下午,一只傲慢的灰鹦鹉与他同样傲慢的伴侣听到了一对情侣在调情,这对情侣碰巧是两只河马,两只鹦鹉内心充满鄙视和嘲笑。

"他管她叫'小甜心宝贝'。"灰鹦鹉夫人说道,"你能相信吗?"

"难以置信。"雄性灰鹦鹉说,"我不明白,任何一位脑

---

① 此篇的名字来自莎士比亚《皆大欢喜》第五幕第三场:
It was a lover and his lass,
With a hey, and a ho, and a hey nonino,
That o'er the green cornfield did pass,
In springtime, the only pretty ring time,
When birds do sing, hey ding a ding, ding;
Sweet lovers love the spring.
朱生豪先生译为:
一对情人并着肩,
嗳唷嗳唷嗳嗳唷,
走过了青青稻麦田,
春天是最好的结婚天,
听嘤嘤歌唱枝头鸟,
姐郎们最爱春光好。

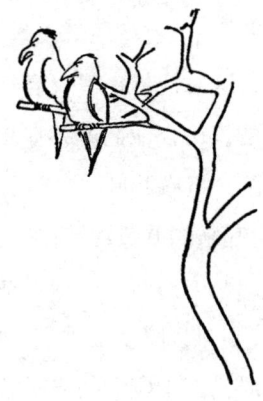

子正常的男性,都不会对一个不比倒扣的浴缸更有魅力的女性怀有爱意。"

"倒扣的浴缸,真贴切!"雌性灰鹦鹉说,"说到那两个家伙的魅力,不比一艘装载着灌满水的篮球的汽船好到哪里去。"

正值春季,这对情侣正值青春年少,并不在意毒舌的邻居尖酸刻薄的议论,他们继续在水中嬉闹,快活地向前往后,缠缠绵绵,气喘吁吁。他们你侬我侬,对彼此述说着温柔话语,听起来如歌般婉转,如花儿初绽,如新叶萌发。然而,对于灰鹦鹉夫妇而言,这对情侣装模作样的嬉戏却令人难以理解,更难以忍受。他们一度想电告城邦调查局,或是非洲调查局,由于庞大的、早就该体面地变成化石的生物长期卿卿我我,已对丛林的安全构成威胁。后来,他们还是决定给朋友和邻居打电话,说这对毫无廉耻的情侣的闲话,嘲笑他们,用在结冰的街道上打滑的公交车和翻倒的货车这类丑陋的隐喻来形容他们。

那天晚上，这对河马情侣听到了灰鹦鹉夫妇之间的调情蜜语，甚为惊奇和震惊。"听听这淫词浪语。"公河马低声道。

"他俩看对方到底有什么好？"母河马嘀咕道。

"我更愿意跟一把没上油的园艺剪刀成为邻居。"她的情郎说道。

他们给友邻打了电话，并讨论了一个令人难以置信的事实：一只雄性灰鹦鹉和一只雌性灰鹦鹉之间居然有可能存在吸引力。午夜已经过去了很长时间，这对河马情侣才停止对灰鹦鹉夫妇的批判，进入了梦乡，灰鹦鹉夫妇才停止对河马情侣的批判，安然入睡。

寓意：笑则天下笑，爱则独自爱。①

---

① 化用 19 世纪美国著名作家和诗人埃拉·惠勒·威尔科克斯的诗句：Laugh, and the world laughs with you; /Weep, and you weep alone. 笑则天下笑，泣则独自泣。

狐狸与乌鸦

一只乌鸦栖息在一棵树上，嘴里叼着一块奶酪。此情此景，吸引了一只狐狸的嗅觉和眼球。"你的身姿优美，若你的歌声也一样美妙就好了。"狐狸说道，"那样的话，你就是我心目中最美的歌唱家。"狐狸曾在这本、那本，还有诸如此类的书中读到过，若一只乌鸦口叼奶酪，你就赞美他歌声美妙，如此便可引诱他放声高歌，将奶酪掉在地上。可在这个特例中，在这只特别的乌鸦身上，这样的情形却并没有出现。

"人们说你既狡诈又疯狂，"乌鸦一边说，一边小心翼翼地用爪子拿开嘴边的奶酪，"不过，你一定也没什么见识。那些鸣叫的鸟儿，衣着花哨，一毛钱一打。我通身漆黑，独一无二。"他开始小口地啃食奶酪，半粒渣子也未掉在地上。

"我深信你确实独一无二。"狐狸说。他其实既不疯狂，也并不缺少见识，但真的很狡诈。"我理解你了。既然我已经知道你是最负盛名最负才华的鸟儿，我很愿意进一步了解你，听你讲讲你自己的故事。可此刻我有点儿饿了，必须走了。"

"请留步,与我一起共进午餐吧。"乌鸦急忙说。于是,他分给狡猾的狐狸大份儿的奶酪,并开始讲述自己的往事。"若无瞭望台①,航船便会驶向地狱。"他说,"千帆过尽,唯乌鸦永存。我是先驱者,我是指航的明灯。最重要的,我的飞行路线,经科学家、工程师、地理学家以及学者论证,乃两点间最短的路途,任意的两点。"他骄傲地总结道。

"哦,任意的两点,我深信不疑。"狐狸说,"感谢你分享的大份儿食物,我知道你其实不必如此慷慨。"他吃得饱足,一路小跑,回到了树林里,徒留下那只乌鸦,饥肠辘辘、孤独地栖息在树上。

寓意:在伊索时代、拉封丹时代以及当代,从来没有人称赞起你来比你自夸还要好。

---
① The crow's nest,原义是乌鸦的巢,即船上的瞭望台。

主旋律变奏曲

一

一只狐狸被香味吸引,循着香味来到一棵树下。树上坐着一只乌鸦,乌鸦嘴里叼着一块奶酪。"哦,奶酪,"狐狸轻蔑地说,"那是老鼠才吃的食物。"

乌鸦用爪子将奶酪拿开,说道:"你总是痛恨那些你所得不到的东西,比如,葡萄。"

"葡萄是鸟类的食物。"狐狸傲慢地说,"我呢,我是讲究之人,是行家、美食家。"

乌鸦尴尬万分,吃老鼠的食物又被美食专家看到,他深以为耻,匆忙将奶酪扔掉了。狐狸敏捷地将它捡起,津津有味地吞下了肚,他礼貌地说了声"多谢",一路小跑而去。

二

一只狐狸用尽了他所有的花言巧语去恭维一只树上的

乌鸦，但无法说动他放下嘴里叨着的奶酪。突然之间，乌鸦把奶酪扔给了惊讶的狐狸。正在此时，一位农夫携一支步枪出现了，他正在搜寻窃贼。那块奶酪正是从他的厨房里偷出来的。狐狸立刻掉头往树林间逃去。"那狗娘养的跑了！"乌鸦叫道。众所周知，他目力了得，大老远就可以看到阳光下枪管上的反光。

三

农夫携一支步枪出现了，他正在搜寻窃贼。这一回，狐狸决心不被乌鸦忽悠，他坚守原地，拒绝逃窜。

"奶酪上的牙印儿是我的。"狐狸道，"可上面喙的痕迹却是树上那个真正的罪犯留下的。我提交这份奶酪，作为一号证物，祝您和那个罪犯今儿聊得愉快。"说着，他点燃一支烟，慢条斯理地走了。

四

在古老的传说中，树上叨着奶酪的乌鸦开始唱歌，奶酪便落到了狐狸的脚边。"你唱得真难听。"狐狸咧嘴笑道。可乌鸦充耳不闻，叫道："赶紧把奶酪给我还回来！农夫扛着枪过来了！"

"我凭什么要把奶酪还你？"狡诈的狐狸这样问道。

"凭农夫持枪而来，凭我飞得比你跑得快。"

于是，受了惊吓的狐狸将奶酪扔还给乌鸦，乌鸦吞下奶酪，然后说："哎呀呀，是我的眼睛花了——还是我在拿你寻开心？你觉得呢？"可无人应答，因为狐狸早已一溜烟儿逃进树林里了。

熊与猴

密林深处居住着许多熊。他们用整个冬天来呼呼大睡,而到了夏天,他们则玩一种跳跳熊游戏,到附近的村舍偷蜂蜜和点心。一天,来了一只名为格利布①的巧舌如簧的猴子,对他们说,他们现在的生活方式对熊来说是有害的。"你们都是娱乐的囚徒。"他说,"沉迷于跳跳熊,而且,你们是蜂蜜与点心的奴隶。"

格利布继续滔滔不绝,熊们又惊又怕。"你们的先辈让你们变成了这样。"他说。格利布嘴皮子如此厉害,比熊们从前见过的最油嘴滑舌的猴子更能说会道,这让熊们相信,他比他们更博学,甚至比任何人都博学。可当格利布离开,去向其他种族宣讲他们的种种问题之后,熊们便又恢复了往日的生活,嬉戏玩乐,窃取蜂蜜和点心。

他们的颓废和堕落使他们眼明耳聪,无忧无虑,利爪如刀。他们快乐无比,过着世世代代的熊过的生活。直到有一天,两个格利布的继承者来了。他们一只叫言语之猴,

---

① Glib,在英语里有油嘴滑舌之意。

另一只叫行动之猴。他们甚至比格利布更加巧舌如簧,他们还带来了许多礼物,说话的过程中一直面带微笑。"我们必须将你们从自由散漫中拯救出来。"他们说,"这是新解放运动,其效果是以往解放运动的两倍那么好,因为我们是两只猴。"

于是,每只熊都戴上了一个项圈,每只熊的项圈都以锁链相连,行动之猴将一个鼻环拴在领头熊的鼻子上,环上拴着锁链。"现在,我怎么说,你们便可自由地按照我说的做。"行动之猴说道。

"现在,我想让你们怎么说,你们便可自由地怎么说。"言语之猴说道,"为了免去你们选举头领的负担,我们将你们从选择的危险中解救出来。再不会有暗箱投票,一切均光明正大。"

很长一段时间里,熊们屈从于新解放运动,高呼猴子教给他们的口号:"当你可以用我们的双脚站立时,为什么还要用自己的脚?"

然后,有一天,熊们挣脱了枷锁,恢复了密林的生活方式,开始玩跳跳熊,开始去附近的村舍偷蜂蜜与点心。他们的欢声笑语响彻整个森林,那不再歌唱的鸟儿们重新歌唱,大地上所有的声音都如音乐般美妙。

寓意:保持内心之自由,不要由人牵着鼻子走。

父与女

一个小姑娘过七岁生日时，收到了大量的图画书，多到她的父亲，一位持男主外女主内观念的先生觉得，女儿应该把书分一两本给邻居一位名唤罗伯特的小男孩。于是，那个小男孩故意而非偶然地前来串门了。

从一个小姑娘手中拿走书或是别的什么东西，就如同从军人手中抢夺武器，从小娃娃嘴里抢夺糖果，可小姑娘的爸爸固执己见，所以罗伯特从她那儿拿走了两本书。"别忘了，你还剩九本呢。"这位父亲认为自己是一个哲学家和儿童心理学家，在这个问题上，他始终愚蠢地不肯闭嘴。

数周之后，父亲去自己的藏书室，在《牛津英语词典》中查询"父亲"这个词条，想要读一读数个世纪以来人们对父亲品质的赞美，以此来大饱眼福。可是他没有找到F—G卷，另外的三卷——A—B卷，L—M卷和V—Z卷也找不到了。他开始在家里大肆搜寻，很快便得知了这丢失的四卷词典的去处。

"今天早上有人来到我们家门口。"他的小女儿说道，"他不知道从这儿到托林顿怎么走，也不知道从托林顿到

温斯特德怎么走。他人很好,比罗伯特好多了,所以我就把你的四本书给了他。别忘了,《牛津英语词典》有十三卷,你还剩下九卷呢。"

寓意:有一个真理早已家喻户晓:以其人之道,还治其人之身。①

---

① What's sauce for the goose is sauce for the gander. 英语习语,字面意思是"给母鹅的调味汁也该给公鹅",实际表达的是有人这么做,其他的人也可以这么做,有"依样画葫芦"之意。

救生船上的猫

一只名唤威廉的猫在一家日报社找了份抄写员的差事,并且发现报社里的其他猫,不是叫汤姆、迪克,就是叫哈利,这一发现实在让他非常惊奇。不久,他便发现,他是这个镇子上唯一一只名叫威廉的猫。这个独一无二的名字冲昏了他的头脑,他将这种独特误解成了卓尔不群。于是,无论是看到或是听到威廉这个名字,他都以为一定指的是他。他的这种妄想越来越没边儿,他开始相信,他是一切的根本,根本的根本,实乃猫中之猫。到最后,他开始深信,某事物之所以成为某事物全是因为他的缘故。

威廉迷失在白日梦中,以至于编辑叫"抄写员"的时候他也充耳不闻。他由一个什么都做不好的家伙变成了一个什么都不做的家伙。一天早晨,正当他还处在半梦半醒的状态中时,编辑告诉他:"你被解雇了。"

"上帝会养活我。"威廉得意扬扬地说。

"上帝只养活麻雀。[①]"编辑说道。

[①] 此句源于《马太福音》6: 26。你们看那天上的飞鸟,也不种,也不收,也不积蓄在仓里,你们的天父尚且养活它。你们不比飞鸟贵重得多吗?

"上帝也会养活我。"威廉自鸣得意地说。

威廉开始跟一个爱猫成狂的女人一起生活,那女人除了威廉外还养了十九只猫。可这十九只猫因为受不了威廉的自高自大,以及一天到晚吹嘘自己神话般的伟绩、荣耀、蓝丝带②、银杯子、奖章等等,纷纷离开了女人的豪宅,在贫民窟快快乐乐地过起日子来。那个爱猫成狂的女人修改了她的遗嘱,把威廉立为唯一的财产继承人,而威廉则认为这是理所应当的,因为他坚信,所有的遗嘱都应该对他有利。"我有八英尺高。"有一天,威廉跟那个女人说道。她微笑起来,说:"这我毫不怀疑。我将要带你环游世界,向每一个人炫耀一番。"

一个愁云惨淡的三月天,威廉和他的女主人一起乘坐S.S.弗洛娜号船出海了。大船遭遇了恶劣的天气,在大洋

---

② Blue ribbons,比喻最高荣誉。

上遇到了暴风雨。午夜时分,大船被阻在滔天的波浪中,眼看就要倾覆了,紧急求救信号不断发出,求救火箭被发射到空中,长官们开始在升降扶梯和走廊上跑来跑去,大声嘶喊:"弃船!"紧接着,又一声大喊传来,在这只自负的猫听来,这才是最正常的声音。这声音一直在他那对自负的耳朵里重复着:"让威廉和孩子们先走!①"他从容地穿戴起来,穿上燕尾服,系上雪白的领带,漫步到甲板上。因为他坚信,除非他安然无恙,否则任何一艘救生艇都不会下水。他轻巧地跳入一艘正在下降的救生艇中,这艘救生艇中还坐着一个名叫约翰尼·格林的小男孩,还有一个名叫汤米·特劳特的小男孩,以及他们的妈妈,还有别的孩子和他们的妈妈。"把那只猫扔下去!"负责这艘救生艇的船员叫道。约翰尼·格林便要将猫扔下船,可汤米·特劳特把他拉住了。

"把那只猫给我吧。"船员说。接着,他用他那巨大的右手抓住威廉,把他扔了出去,就像美式橄榄球赛的一记不完全长距离向前传球,将猫扔出了四十码开外。

威廉落入冰冷的海水中,下沉了二十四次,就这样丢掉了八条命,只剩下了一条命。

他拼尽仅剩的生命和气力,游啊游啊,最终在一个黑暗阴沉的小岛上了岸,那里居住着残暴的老虎、狮子和其他大型猫科动物。威廉浑身湿透,躺在岸上喘着大气。一只美洲虎和一只猞猁走到他身边,问他是谁,从哪里来。

---

① 这只猫将 women 错听成他的名字 William 了。其实应该是让女人与孩子们先走。

哎呀，威廉在救生艇和海上的可怕经历，造成了他的外伤性遗忘，他不记得自己是谁，也不记得他从何处而来了。

"我们管他叫'无名氏'吧。"美洲虎说。

"来自'无名之乡'的'无名氏'。"猞猁说道。

于是，威廉便生活在这些大型猫科动物之中了。直到有一次，一只年轻的黑豹问他是谁，从哪里来，他的回答被黑豹认为极其失礼，于是引发了一场酒吧斗殴，在这场斗殴中他失去了他的第九条命。

大型猫科动物们将威廉葬在一个没有标记的墓穴之中，美洲虎说："立上块石头，刻上'来自无名之乡的无名氏'，这又有什么意义呢？"

寓意：从呱呱坠地到裹尸布加身，人的一生如流星般短暂，必死之人又何必心高气傲？[1]

---

[1] 此句取自《必死之人何必心高气傲？》一诗，作者诺克斯的名字也叫威廉。

包打听的比利时雌野兔和爱管闲事的雌豚鼠

一只雌野兔生来爱管闲事,邻里左右送给她一个外号"包打听",她总是爱听邻居的墙根儿。"你长了两个大耳朵还嫌不够吗?"有一天,她的伴侣冲她咆哮,"看在老天的分上,别管别人的闲事儿好不好?"可她没有搭腔,因为她已跳进邻居家里,告诫、责备、谴责一只雌豚鼠,指责她在生了一百七十三只小崽之后又放纵情欲,而且爱吹牛,邋里邋遢,成天对着小说《真正的猪尾巴》中的故事落泪。

"你们的公民意识何在?"雌野兔质问,"还有你们的国家意识呢?州意识、联邦意识和全球意识呢?看着我,我身兼数职,是各类协会会长或主席,我是潜听哨的创立人,这个组织拥有八百名耳朵竖得高高的女性。"

那只雄豚鼠躺在一片莴苣叶上,悠闲自在,躲避着他那好管闲事的邻居,可还没等他从床上起来,她就扭着大屁股,走进了他的房间。

"像你这么个魁梧的大男人,"她嘲弄道,"本该勤劳工作,四处看看,研究一下哪些树液是致命的,哪些不是。

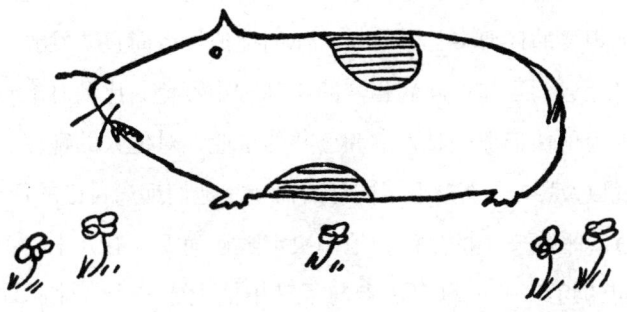

可你,却躺在屋里无所事事。"雄豚鼠的牙齿开始咯咯作响,这种情形并不意味着他害怕,而意味着他气疯了。可包打听雌野兔对除了自己以外任何人的感觉全不在意。"你和你家那口子该干点儿正事儿了。"她大声道,"拿出干劲,努力工作,勇往直前,全力以赴!"

数个星期过去了,雌豚鼠心生负罪感,开始勤奋工作以证明自己。她放弃了读《真正的猪尾巴》,把伴侣那张可食用的床丢得远远的,彻底清理了屋子,并加入了二十四个积极进取的公益组织。她开始以高度关注他人而扬名,也不管人家愿意不愿意。她被选为"关心婴儿委员会"主席、"贤内助"协会的秘书长、"勿让爸爸荒废时光"联盟的财务主管,并成为以下这句口号的发明者:"把你的力量也给他,他可以事半功倍。"最后,她成为"雄心勃勃的啮齿类动物的女儿们全国委员会"的主席。

现在，雌豚鼠还抽空又生了三十七只后代，比她的伴侣想要的还要多三十七只。他们把他烦得简直要发疯，这时他遇到了与他同病相怜的比利时雄野兔。比利时雄野兔因为他伴侣那些私人的和公共的事业，对他人的窥探、劝说以及影响，而遭遇了同样的命运。他们远离自己的伴侣，过着平静安宁的生活，他们决定随遇而安。有九十六个不同的组织——雌野兔参与了其中的七十二个，雌豚鼠参与了其中的二十四个——派出了代表试图劝说他们改邪归正，可都无功而返。某个晚上，趁着他们的伴侣在参加"只要他想，他就行，他只是没有努力"俱乐部演讲的空当，

他们离家出走。没有在枕畔留下告别的只言片语,也没有告知去处。他们打算去塔希提岛以便忘记前尘旧事,可还没到达塔希提岛,他们便早已忘了个精光。

寓意:不可改变邻人的妻子,不可破坏邻人的生活。①

---

① 化用自《摩西十诫》第十条:不可贪恋人的房屋,也不可贪恋人的妻子、仆婢、牛驴,并他一切所有的。

人与恐龙

很久远之前,在时间的荒原上,在空间的原野上,高等物种人类与低等物种恐龙头一次面对面。他们像石头那样站了很长时间,警觉,警惕,防范着彼此。某种直觉或不祥的预感让恐龙明白,他看见的,处于他前方的,是即将到来的世界的荣耀和恐怖,在这个年轻的星球那静止的空气中,他似乎嗅到了自己必然灭亡的淡淡的味道。

"你好,笨蛋。"人类说,"就事论事,你在我身上可以看到造物主对于未来的精妙的设计,我们是被选中的种族,是当然的幸存者,坚不可摧的一类,是所有一切的君王,是所有一切的一切。另一方面,说来奇怪,你们虽然个个身姿庞大,却只不过是如蜉蝣般不值得一提的渺小东西。你是上帝早期实验中一个有趣的样本,是自然历史的一个虚弱的脚注,是摆在博物馆中令未来的人类惊叹的一件奇妙的玩意儿,耶和华不成熟的作品当中一个很好的例子。"

恐龙发出一声叹息,声若响雷。

人类接着说:"让你们这个种族永存,是愚蠢和无

用的。"

"完整事物中丢失的一个环节并没有丢失,"恐龙悲伤地说,"而是隐藏了起来。"

人类对难逃灭亡命运的恐龙不屑一顾。"世上若无人类,则很有必要创造出人类来。"人类说,"因为上帝的行动神秘,效率却低下,他需要帮助。人类将永生永存,可你们将与猛犸象和乳齿象命运一样,因为庞大的怪兽乃灭亡的前兆。"

"世间还有比灭亡更糟糕的事,其中之一就是你们人类的存在。"恐龙酸溜溜地说道。

人类大摇大摆地走了两步,展示了一下他的肌肉。"你们甚至不能完成一场谋杀,"他说,"因为谋杀是需要头脑的。你们只会恐龙式的屠杀。你和你的同类无法设计出行之有效的毁灭自己种族的方法,同时也无法创造奇迹让自己的种族得以延续。你们永远不会活到能明白两党制、多党制和一党制的那一天。我将把这个世界变得比任何一个世界都更好,无论那个世界可能有多么好,在此之前你早就已经烟消云散了。即使在你进化的最高阶段,你也无法发展出这样的智慧:证明清白的人有罪,有罪的人清白。你从头到脚一无是处。我已跟你费够了口舌。我得去用上帝赐我的这些手指(他现在很可能后悔当初怎么没把这些手指保留给自己用),开始著书立说,我要写我们人类的事情,将来有一天这些书卷会汗牛充栋,其中许多篇章是有关战争、征服、衰败、堕落、血、汗水、眼泪、威胁、警告、拥有、绝望、地狱和高跟鞋的。关于你们恐龙一类,将占据很小的篇幅,因为,毕竟尔等蚍蜉之辈又算个什么?日安,再见。"人类总结道,"我将目睹你们这个物种有一个体面的、仪式简单的葬礼。"

正如事实所证明,人类是对的。恐龙之流和他的朋友及亲属不久便逝去了,死时仍处于低级物种的阶段。但在他们短命的脸上,却挂着奇怪的笑容,或别的类似笑容的东西。

寓意:人类最高级的研究目标就是人类本身。

母鸡们的聚会

　　所有的母鸡都来参加巴夫·奥尔平顿①的晚会。像往常一样,米妮·米诺卡②是最后一个到的,因为,像往常一样,她跟她的精神科医生,她的内科医生,她的喙、鸡冠和胃专科医生消磨了整整一天的时光。"我来这个谷仓空地的时间并不长。"她对其他的母鸡说道,"你们能猜到我现在身体又出了什么毛病吗?"她在屋内四处走动,给了几乎所有的母鸡一个蜻蜓点水似的亲吻,唯独没有理会巴夫·奥尔平顿。巴夫·奥尔平顿倒是给了她一个亲吻,不过这吻丝毫不带情感。

　　"我得了蓝冠病③。"米妮接着道。

　　米妮·米诺卡开始重复她的各种抱怨,旧的新的,真

---

① 巴夫原意为浅黄色,奥尔平顿则特指奥尔平顿鸡,一种由英国奥尔平顿的威廉·库克首次培育出的鸡。
② 米诺卡鸡,一种西班牙蛋用鸡。
③ 蓝冠病,即火鸡蓝冠病,又名火鸡冠状病毒性肠炎,是由火鸡蓝冠病病毒引起的。症状为鸡冠发蓝,体温降低,排绿褐色稀粪。一般只有火鸡会得这种病,而米妮是一只西班牙蛋用鸡,不大可能染上这种病症,作者以此暗示她的无病呻吟。

实的臆想的,每当这个时候,聚会便冷了场。"里德博士今天诊断出我得了龋齿,他这样告诉我。"米妮得意扬扬地说,"自然,我一直患有慢性鼻炎、鸡瘟和喉气管炎。"

"米妮身上那么多病痛,她都与我们分享。"巴夫·奥尔平顿冷冷地说,"这可太好心了,不是吗?"

"我爱你们,姑娘们,"米妮说,"我也爱与你们分享我的不幸。你们都是那么好的听众。那会儿我正跟我的精神科医生述说我的新病症,包括初期羽毛干燥症,他突然脱口而出,说出了这些年来他一直瞒着我的一些事。他说我患有急性攻击症、自大自负症,以及胆汁过多症。"

"总算有个懂行的精神科医生了。"巴马①说道,她正在试着跟巴夫·奥尔平顿谈天气,其他的母鸡也在相互交谈,可米妮·米诺卡还一直在说着她正经历的那些苦痛。

---

① Brahma,印度大种鸡。

她还在漫无边际地闲扯着,详细描述着她在康涅狄格州接受的一次足部刮鳞手术,一只母鸡低声说:"我刚刚在她的茶杯里下了点儿安眠药。"

"您该再多喝点儿茶。"巴夫·奥尔平顿说道。她将米妮的茶杯添满,她的客人们纷纷附和:"您该多喝点儿茶。"米妮·米诺卡很高兴成为众人关注的目标,而且她自认为得到了众人的关心,于是匆匆喝了那杯下了药的茶。等她晕过去之后,一只母鸡建议不如趁此时机拧断她的脖子。"我们可以说,她试图扭头查看自个儿的尾巴有何不妥时拧断了自个儿的脖子。"同谋者建议道。

巴夫·奥尔平顿长叹一声道:"我们会在下一次某人举办的聚会上抽签决定由谁来拧断她的脖子。现在我们出去洗个痛快的沙土澡吧,且让这位大惊小怪的病秧子好好享受一下她的噩梦。"于是巴夫·奥尔平顿和其他母鸡纷纷

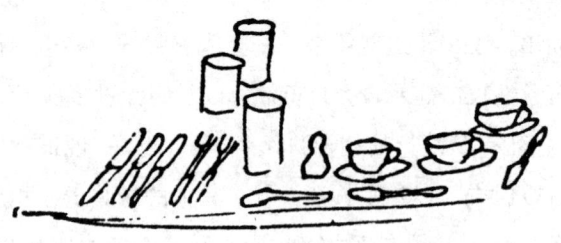

出门上路扬长而去，任由米妮·米诺卡梦见自己得了一种新的病症，名为"米氏病"，或叫"米诺卡夫人病"。

寓意：对病痛的热爱通常是无法引起别人的共鸣的。

玫瑰、山泉和鸽子

一个绿色的山谷,那里如星星般寂寥,如月亮般宁静,除了周六儿童的笑声和夏季的雷声,万籁俱寂。随着时间的推移,玫瑰生长出来了,山泉永无休止地奔流。

"这是我们的悲哀,今天在这儿,明天在这儿,永远在这儿。"玫瑰叹了一口气,"我希望我是无根的,自由自在的,像鸽子。"

"我想看看树林中究竟有些什么。"山泉说道,"我想品尝珍惜的甜蜜和后悔的苦涩。"他用粼粼波光冲着鸽子发了个信号,于是鸽子从空中俯冲下来,优雅地着陆。

"树林里都有什么?"山泉问道,"你一定知道,因为你有翅膀,没有任何一个地方是你不能去的。"

"我喜欢在绿色山谷的上空飞行,"鸽子说,"我所了解的和我所愿意了解的,唯有绿色山谷。"

"在树林中,星星落入池塘里。"玫瑰如此宣称,"我听见了它们落入水中的声音。要是我像你一样有一双翅膀,我就可以飞过去,把它们打捞起来,晒干,再卖给国王。"她这样告诉鸽子。

"我爱我所飞过的地方。"鸽子回答,"飞越山谷的上空。我看到的星星从来没有坠落过,我也不想卖掉它们。"

"世界一成不变。"玫瑰抱怨道。

"可在我的眼中,它瞬息万变。"鸽子说。

"永远只能待在一个地方让我厌烦透了。"山泉啜泣道,"日复一日,生活一成不变。愿主救我,赐我新的生命!"

"我想,树林中并没有什么东西,无非是橡树的树洞里住着长了角的猫头鹰。"鸽子宣称,"还有,紫罗兰开在长满青苔的石头旁。"

"长满青苔的石头,我渴望它的力量!"山泉哭了起来,"我想与瀑布来一番较量。该死的,让他先于我枯竭!"

"没有什么值得我记住,也没有什么值得我忘怀。"玫瑰叹了一口气,"我的甜美芬芳白白地散发在这绿莹莹的空气里。"

"我喜欢这里。"鸽子说。但是玫瑰和山泉一天一天不停地游说着,当夏季过去后,他们已说服了鸽子,让他相信自己喜欢树林,欣赏长了角的猫头鹰,也应该穷尽一生的时间去打捞星星,去和瀑布来场争斗。

于是,鸽子飞入树林,再也没有回来。关于他的结局有无数版本的谣言。四方的风窃窃私语,说鸽子是为了那长满了青苔、边上还生着紫罗兰的石头而死,是死于那暴力的、不怀好意的瀑布之手,死于猫头鹰之手。可画眉鸟却争辩说,鸽子是死于和燃烧的星星嬉戏。只有一件事是肯定的:这只鸽子以其他任何一只鸽子都不曾有过的死法死去了。

寓意：若经历了另一种人生，必将面临另一种死亡。

风流浪子与聪明太太

一个春天,一只单身企鹅的心思悄然发生了改变,他开始向往桃花运,每到换季时都是如此。这个放荡的"芳心猎手"的习惯是,趁着那些他心仪的雌企鹅的丈夫下海捕鱼之际勾引她们。他发现本群落里的所有雌企鹅都按照惯例重新布置客厅的家具,把家具又搬回头一天安放的位置,她们都巴不得找个身强体壮的雄企鹅帮助她们搬动大家伙。随着时间的推移,她们的丈夫都对家务活儿越来越不感兴趣,而越来越热衷于捕鱼了。这只单身企鹅确实在

安装、拆卸、搬运、换锁、配钥匙……和帮雌企鹅们摆脱她们一手造成的困境方面有一手。几次拜访之后,这位长着羽毛的唐璜便开始引诱雌企鹅与他玩"黑暗中躲猫猫"和"猜猜这是谁",以及"蹼踩蹼"之类的游戏。

随着时光的流逝,这位英俊的衣冠楚楚的风流浪子对自己在异性当中的赫赫战绩有一点儿厌倦了。于是,某天早晨,在其他雄企鹅照常去海边捕鱼之后,这位企鹅唐璜瞄上了一只他所见过的最美的雌企鹅,她正独自用尽全力想把客厅里的沙发移回到前一天放置的位置。唐璜便主动提出帮助这只陷入困境的雌企鹅,而她粉面含羞,欣然接收。第二天,这位情场高手又来了,帮这只居家雌企鹅安装了纱门;接下来的一天,他又帮她修好了项链的搭扣;紧接着的一天,他又帮她拧紧了咖啡壶上的玻璃壶盖。每一回,当他提出要玩"黑暗中躲猫猫"或是"猜猜这是谁"游戏的时候,他勾引的对象总是又想出点儿什么来,不是让他修理这个,就是让他松松这个,紧紧那个,卸掉这个,

装上那个。就这么过了好几个星期,这位好色之徒开始怀疑他被耍了,而他蓄意要勾引的受害者也证实了他的这种担心。

"除非你继续帮我拆卸、安装东西,把东西拧松或拧紧,"她告诉这位失望的图谋不轨者,"否则我要把你对我的不当举止和不良企图都告诉我的丈夫。"企鹅唐璜知道这只聪明的雌企鹅的丈夫是这一带最强壮的,同时也是脾气最暴躁和最没有耐心的。再也不可能玩什么"黑暗中躲猫猫"和"猜猜这是谁",以及"蹼踩蹼"之类的游戏了。所以,剩下的几天他便一直为这只他心仪的、贤惠又诡计多端的雌企鹅工作,搬动沙发,拆卸东西,安装东西,松松这个,紧紧那个,完成这位亲爱的捕手所要求的其他任务。他的领结松了,晚礼服的扣子掉了,他笔挺的裤子折痕不再,他的眼睛也失了光彩。他像钟表那样喋喋不休,像卡在锁眼里的钥匙那样啰啰唆唆。当他蹒跚地走到大街上,每只雌企鹅都关上了屋门,只有那只拥有星星一样高不可攀的美貌和害羞的神情,微微红着脸,挂着一脸假笑的企鹅才会开门接纳他。有一天,一大早,她的丈夫从海上返回,瞥见唐璜正离开自家的屋子,便问:"这个老小子来我家干什么?"

"哦,他清洗了窗子,给地板打了蜡,扫干净了烟囱,"雌企鹅回答,"我相信他有一段不那么愉快的恋爱经历。"

寓意:甲之蜜糖,乙之砒霜。

爱好和平的猫鼬

有一天,一只猫鼬在眼镜蛇王国出生,但他并不想与眼镜蛇或其他任何动物为敌。消息一传十,十传百,说有一只猫鼬不想与眼镜蛇为敌。如果他不想与其他动物为敌也就罢了,那是他的事,可是身为一只猫鼬,杀死眼镜蛇或是被眼镜蛇所杀,那是他的天职。

"为什么要与眼镜蛇为敌?"这只热爱和平的猫鼬发

问。于是,又是一传十十传百,说这位奇怪的猫鼬家族新成员不仅支持眼镜蛇、反猫鼬,而且求知欲过于旺盛,还反对猫鼬种族的思想与传统。

"他疯了。"这位年轻猫鼬的父亲叫道。

"他病了。"他的母亲说。

"他是一个懦夫。"他的兄弟大叫道。

"他是一个猫鼬-眼镜蛇恋者。"他的姐妹小声说。

那些以前不屑瞅这只年轻猫鼬一眼的猫鼬记起,他们曾见过他以腹部着地爬行,还模仿眼镜蛇发怒的样子,或许他曾策划暴力推翻猫鼬的统治。

"我试图用理性和智慧来看待问题。"奇特的年轻猫鼬说。

"理性与叛国同罪。"他的一位邻居说。

"只有敌人才使用智慧①。"另一位邻居说道。

最后,谣言传播开来,说该猫鼬的爪子上有剧毒,如眼镜蛇一般。他受到审讯,被判有罪,并被流放。

寓意:尘归尘,土归土。你的敌人打不倒你,可你的亲族却能做到。

---

① Intelligence,也有"情报""谍报"的意思。

教父与教女

　　一位精于世故的收藏家，走遍全世界收集一切他可以射杀或购买的东西，或者干脆偷了之后逃之夭夭。他在世界各国收集了一年的时间之后，对他的教女，一个五岁的小姑娘说："我要给你三样东西。任何三样你心心念念想要的东西。我有来自非洲的钻石，一只犀牛角，从埃及弄来的圣甲虫雕饰物①，从危地马拉得来的翡翠，用象牙和黄金做的棋子，麋鹿的角，信号鼓，礼锣，寺钟，还有三个稀世珍宝般的玩偶。""现在告诉我，"他拍拍小女孩的头总结道，"这世上，你还有什么想要的？"

　　他的小教女丝毫没有犹豫，没有迟疑，说道："我想要打破你的眼镜，在你的鞋上吐口唾沫。"她说。

寓意：虽然我们这个时代的统计学家从未做过统计，但女人要的总比男人多得多。

---

① 圣甲虫被古埃及人作为护身符、装饰品。

灰熊和那些新奇玩意儿

一只灰熊在家举办圣诞派对后,一连数周酗酒狂欢。其间,他的姐夫把圣诞树点着了,他的孩子开着自家的车,从前门冲进来又从后门冲出去;此外所有具有吸引力的母熊也都在日落之前进入了休眠。这时候他回到家里,准备好宽恕、赦免,自己活得好,也让别人活。令他烦恼的是,他发现自家的门铃被替换成了一个圣诞花环,还响起了《平安夜》的歌声,他有些惊讶。

他敲了敲门,可没人来应;他转动门把手,却响起了刺耳的一声"新年快乐",并且,从屋子深处的某个地方传来了一声两个调儿的钟响,叫道:"你好。"

他叫着他那个总是喜欢新奇玩意儿的伴侣(她总是第一个淘汰旧东西并第一个尝试新玩意儿),可没人回答他。这是因为他的房子装了极好的隔音设备,这玩意儿把墙壁隔音隔得如此之好,使得任何人都听不到六英尺开外的任何一个别人说的任何一件事情。来到客厅,灰熊打开灯的开关,灯光立刻洒满了房间。灯亮了倒没什么,但这个开关被按下的同时释放出松果的气味,这只性情特别的

熊一直讨厌这种味道。这位一家之主现在变得跟圣诞节那天一样癫狂,一屁股坐在一把安乐椅上,却被弹得上下颤动。因为这是一把全新的椅子,一种奇妙的新发明,叫作"美人椅",坐在上面可以上下弹动。这只熊被彻底激怒了,他从椅子上跳了起来,开始满屋找香烟。他发现了一个香烟盒子,一个他从未见过的新奇的香烟盒子,是由金属和塑料制成的,形状如一个城堡,有完整的门户、吊桥和塔楼的城堡。问题是,他打不开这个盒子。然后他在那座城堡的门上发现了一行凸起的小字,那是一句押韵的话:"找到钥匙,打开城堡,香烟在手。"这只熊找不到城堡的钥匙,于是,他打开窗子,把这个装了机关的香烟盒扔到了前院,一阵寒风吹进来,吹进了他的脖子里,他咆哮起来。当发现自己口袋里尚有一根香烟时,他略微平息了怒火,可他没有火柴,于是他开始满客厅找火柴。最后,他在架子上

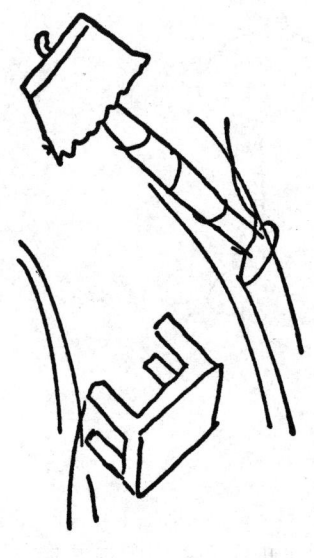

看到了火柴盒，里面倒是装着火柴。可火柴盒的侧面却没有引火的磷面，无法擦燃火柴。不过，在盒子的底部有一行齐整的小字，说明了为什么火柴盒没有磷面。这行字写的是："安全火柴，没有危险磷面，给你双重的安全。你可在窗玻璃或裤子的屁股部分擦燃火柴。"

灰熊彻底被激怒，怒火万丈，把客厅砸了个稀巴烂。他砸碎了火柴盒，打翻了灯盏，扯下墙上的照片，把地毯从破碎的窗户扔出去，将壁炉上的一个花瓶和一个时钟扫到地上，推翻了桌椅，咆哮，怒吼，大喊大叫，哭闹，诅咒，直到他的妻子从沉睡中惊醒。在梦中，她嫁给了一只熊猫。附近的邻居们纷纷出现，那些充满了吸引力的母熊也从冬眠中醒来，前来看个究竟。这只灰熊对伴侣的哀求充耳不闻，置邻居们的建议于不顾，也不畏警察，见什么踢飞什么，一直号叫不止，毅然决然地扬长而去，顺带把母熊中最迷熊的那一位，名叫"蜂蜜"的，挟持走了。

寓意：现在，大多数人都生活在绝望的嘈杂之中。

镀金的鹅蛋

鹅并没有真的下了一个镀金的蛋,她只下了一个普通的鹅蛋,就跟其他任何鹅蛋一样。几个爱开玩笑的家伙,趁她离开巢穴去觅食的空当,给那颗蛋镀了金。她回来的时候,发现了这么个金光闪闪的奇迹,叫道:"瞧啊,我下了一个传说中的金蛋!"

"哎哟,算了吧,"一只普利茅斯母岩鸡说,"要我说的话,这就是一个普通的鹅蛋,只是被涂成了黄色而已。"

"她又没要你说。"一只公鸡说,"还是让我来说吧。这实在是个纯金的鹅蛋。"

那只鹅似乎并没有欣喜若狂。"我会全身心投入,孵出小鹅。"她说。

"你会孵出一只金灿灿的小鹅来的。"公鸡说。

"金灿灿的小鹅,我的妈呀,"母鸡说道,"她会孵出一只黄色的小鹅,像任何一只其他的黄色小鹅一样,不值一提。"

"我不在乎他什么样子,"鹅说,"我只是不想让他是金的。旁人会说闲话的。他们会拔下我的鹅毛做纪念,对

我一通拍照，拍个不停。"

"我要用一笔巨款来买下这个金光闪闪的奇迹。"公鸡说。接着他说出一个很大的数目，大得足以在禽鸟界引起轰动，鹅欣然接受了这个提议。

"我可不会去孵这个蛋，"母鸡说，"万一从里头钻出来只白金镶钻的鹅怎么办？"

"我会亲自孵它。"公鸡说。

于是，满怀希望的公鸡将这个镀金的鹅蛋滚到窝里，开始坐在上面孵起来。三个星期结束的时候，所有的母鸡都跟他分居了。

"你们会后悔的，"公鸡说道，"当这个价值连城的宝物孵化出来的时候，你们都会后悔的。我知道这会是一只金鹅，我已为她想好了名字——金妮儿。当她完全长成大姑娘之时，我会把她卖给出价最高的人，挣上一大笔钱。"

"哦,那是自然,"普利茅斯母岩鸡说,"我们一家子将不远万里来瞧个究竟。"说完,她走了。

这位坚定的实证主义者坐在这个镀金的蛋上,他所有的朋友都离他而去。没有一只母鸡肯搭理他,他的羽毛也开始脱落。毕竟他是公的而非母的,有一天,他笨拙地踩在了鹅蛋上,把蛋踩烂了,这只蛋以及这只公鸡的梦想就此完结。

寓意:懂行人的怀疑比一个外行的坚信要可靠得多。

老看门狗的审判

一条年老而经验丰富的牧羊犬当了多年的乡下看门狗,忠诚而可靠。夏季的某一天他被捕了,被指控杀死一只羊羔而犯了一级谋杀罪。实际上,羊羔是被一只臭名昭著的红狐狸杀死的,他将受害者未寒的尸骨埋在了牧羊犬的窝里,以此栽赃诬陷牧羊犬。

审判在袋鼠法庭举行,由沙袋鼠法官主审。陪审团由狐狸组成,听审的也都是狐狸。一只名叫雷纳德的狐狸担任检察官。"早,法官。"他说。

"上帝保佑你,孩子,祝你好运。"沙袋鼠法官快活地回答。

牧羊犬的老友和邻居,一只名叫博的贵宾犬是被告的辩护律师。"早上好,法官。"贵宾犬说。

"我可不想看到你耍小聪明。"法官警告他,"聪明应该专属于弱势的一方。这才公平。"

第一个出庭做证的是一只瞎眼的土拨鼠,她做证说,她亲眼看到牧羊犬杀了羊羔。

"这个证人是个瞎子!"贵宾犬抗议道。

"请不要进行人身攻击。"法官严厉地说,"也许证人是在梦中或是幻觉里看到了谋杀过程。这并不影响她的证词的权威性。"

"我想传唤一位品德信誉见证人①。"贵宾犬说。

"品德信誉见证人没有,"雷纳德流利地说,"我们这儿倒有几个出色而迷人的刺客。"

其中的一位,一只名叫巴罗斯的狐狸被传唤到法庭。"我没有亲眼看到这位杀手杀死那只羊羔,"巴罗斯说道,"但我差点儿就看到了。"

"差点儿看到就差不多够了。"沙袋鼠法官说。

"反对。"贵宾犬叫起来。

"反对无效。"法官说,"天不早了。陪审团,你们做出裁决了吗?"

首席陪审狐狸站了起来。"我们裁定被告有罪,"他说,

---

① 在法庭中对涉讼之一方人格名誉作证的见证人。

"尽管如此,我们还是认为最好将他无罪释放。如果我们把被告吊死,对他的惩罚也就结束了。他犯了此等重罪,残杀无辜,藏匿尸体,与辩护律师贵宾犬相互勾结;如果我们放了他,那么将来必不会有人再相信他,他将终身被人质疑。吊死太便宜他了,这样的处罚也太轻太快了。"

"判他内疚之刑!"雷纳德喊道,"多么绝妙的方式,让他再也无处施展才能!"

于是,这个案子结了案,法庭也休了庭,动物们回了家,这件事成了大家茶余饭后的谈资。

寓意:正义不因遮住双眼而变成瞎子。

哲学家和牡蛎

一个阳光明媚的早晨，一位哲学家正在海边漫步，他正在为自身的渺小寻找一个合理的解释。他来到一只躺在沙滩上的牡蛎身边。

"它没有头脑，无须因怀疑而困扰；"哲学家沉思着，"它没有手指，无须拼命干活。它永远不会说：'我的脚痛死了！'它听不到邪恶之音，看不到电视，也不会说蠢话。它身上没有会掉落的纽扣，也没有会卡住的拉链，没有头发可掉，没有牙齿可落。"哲学家因羡慕而深深地叹了口气。"当你残忍地将它剥开，你会发现，它孕育了一个晶莹璀璨的凝结物，价值连城。说来真是滑稽，这竟然是它体内的病态产生的结果，解剖学意义上的无规则、不定性的变态。"哲学家再次叹了口气，说："但愿当我从神志昏迷中清醒过来后，在我火热的额头，能够凝结出一圈钻石。此外，但愿我的房子成为我的避难所，结实安全，宛若一个保险箱。"

正在此时，一只海鸥尖叫着从空中俯冲下来，用爪子将牡蛎抓起，带着它飞向高空，把它扔在一块巨大且潮湿

的岩石上,打破了牡蛎壳,壳内的一切都飞溅了出来。在一堆残骸之中,并没有价值连城的晶莹璀璨的凝结物。这只已故的牡蛎曾是一只非常健康的牡蛎,而且,说到底,任何一只牡蛎从未从自身孕育的珍珠中获利。

寓意:享受自己的生活,莫问他人的人生。没有电视的地方,一样有生老病死。

单人早餐

一天早上,刚五点钟,一位年轻的丈夫就被他身边的新娘叫醒了。"房子着火了吗?"他嘟哝着。她愉快地笑了。"黎明到来了,"她说,"我要烤一个糖蛋糕。"

"我不想要糖蛋糕,我要烤面包和咖啡。"新郎说道。

"糖蛋糕是让你带去给你的兄弟们看的。"她解释道。

"什么兄弟们?"她的丈夫依然昏昏欲睡。

"你办公室的那些兄弟,小笨蛋。"她说,"让他们瞧瞧,回头再把它带回家,也许我们晚饭就吃它了。"

他起身开始穿衣。

"我要给我们俩都泡杯茶。"她说,同时一边哼着歌儿,一边忙碌着。她又补充道:"咖啡和什么都不搭。你别喝咖啡了。"

他已经系好了鞋带,正在系领带,她提高了嗓门儿,拍着手快乐地说:"我们不是成家了吗?你带点儿东西让你的兄弟们看看,我也要带点儿东西让我的姐妹们看看啊。"她迅速跑下楼梯,开始烤糖蛋糕,好让他拿去给兄弟们看。她走了,新郎瞥了一眼他的手表,五点十一分。他刷牙、

梳头，然后打开卧室的窗户爬出去，跳到地上，悄悄地溜进了晨光里，找到一家通宵营业的餐厅，在这儿男人可以买到能吃而不是只能看的东西。

寓意：如果把生活过成了流行歌曲，每个人的婚姻都肯定会出问题。

老鼠与金钱

一只城里老鼠搬到乡下居住,栖身在一所老房子的墙壁里,那里有很多乡下老鼠。他从一开始就对乡下老鼠们颐指气使。他修剪了胡须,在头发上抹蜡,说话拿腔拿调。他告诉乡下老鼠们,他们的出身如何低微。

"我的祖先是法国贵族,"城里老鼠吹嘘道,"我们的名字直到现在仍然会出现在法国葡萄酒的酒瓶上:'老鼠城堡①',这意味着我们居住在城堡中,或者居住在庄园中。"新来的老鼠每天都在夸耀自己的祖先,实在没啥可吹了,就编出些事迹来吹。"我的曾曾曾祖父是一只法国喜剧剧院里的老鼠,他跟一只沙特尔大教堂里的老鼠结了婚。在他们的婚礼上,以他们的名字命名了一款甜点:慕斯浓情巧克力②。这款甜点用于招待数以百万计的客人。"

然后,城里老鼠告诉大家,他的家人是藏身在一艘宏伟的法国远洋客轮的新娘套房里来到美国的。"我的兄弟是'二十一餐厅'里的老鼠,我姐姐呢,则是大都会博物

---

① 原文 Mise du château 中的 mise 与老鼠 mice 近音。
② 原文 mousse chocolat 中的 mousse 也与 mouse 老鼠近音。

馆里的老鼠。"他说。他接着说他的其他一些祖先曾参与过歌剧《蝙蝠》和《三剑客》的演出,"我的家族从来没有无名之辈"。

一天,他穿过这所乡下房子的某个禁区,以此向那些卑微的鼠儿显示他熟门熟路。他来到石膏和板条之间的一个藏钱处,若干年前有人将钱藏在那里。"我是不会吃这些东西的。"一只年长的乡下老鼠警告他,"这是罪恶的根源,会让你腹部绞痛。"但是城里老鼠置之不理。

"我非寻常鼠辈,"城里老鼠说,"这些钱会让我成为一个百万富翁。我将被载入史册。"于是他开始吃起了这些大面额钞票,有一两只年轻的乡下老鼠想要过来帮他一起吃。他赶走了他们,说:"有福不必同享。"城里老鼠告诉他乡下的这些表亲:"富人是有福的,他们能够付得起去天国的路费。"他妙语连珠,如:"这张纸币可以合法支付过夜费",或是"有钱能使鬼推磨"。

接着,他继续他的生活,如他所说那样,以钞票为食。"当我把这些钞票都吃完,"他说,"我将回到城市,像国王一样生活。人们说浮生若梦,可我偏要美梦成真。"

几个昼夜里,这只傲慢的城里老鼠带着幻想,陪伴着幻想中的法国贵族祖先,吃光了所有的相当于一位大使的年薪的钱,然后他试图离开乡下老屋的墙壁。但是,他吃得太多而身宽体胖头大,被卡在了石膏和板条之间,出不去了。他的邻居们也无法解救他,所以他死在了墙壁之中。除了乡下老鼠们,无人知晓他曾是最富有的老鼠。

寓意：一脚天堂，一脚地狱，所有命运的奴隶都是如此姿态。

门外的狼

羊先生、羊夫人正和他们的女儿一起坐在客厅里。羊姑娘长得楚楚动人、秀色可餐。这时有人敲门。"敲门的一定是位绅士。"女儿说道。

"是漂洗工。"她母亲说道。

谨慎的父亲站了起来,向窗外望去。"这是一只狼,"他说,"我能看到他的尾巴。"

"别傻了,"母亲说,"是漂洗工,那是他的刷子。"她走到门口,打开门,狼走了进来,抓了她的女儿,跑掉了。

"我得说,你是对的。"做母亲的羞愧地承认。

寓意:妈妈并非总是最明白事理。

查尔斯怎么了？

一天，一匹名叫查尔斯的农场用马被主人牵到小镇上去钉马掌。要不是碰上了鸭子伊娃，他原本可以装好马掌后安然回家。这只鸭子总是在农舍的厨房门口闲逛，偷听别人的谈话，却从来也听不真切任何一句话。她的同伴说她只有一只耳朵，却有两张大嘴巴。

这一天，查尔斯被带到了铁匠铺，伊娃在农场里嘎嘎叫着，兴奋地告诉其他动物，查尔斯被送到镇上去执行枪决[①]。

"他们在处决一匹无辜的马！"伊娃叫道，"他是一个英雄！他是一个烈士！他以自己的死亡来为我们争取自由！"

"他是世界上最伟大的马。"一只多愁善感的母鸡抽泣着说。

"在我看来，他就是个大傻瓜。"一头务实的牛说道，"我们不必如此悲伤。"

---

① 英语中 shod（钉马掌）与 shot（射杀）近音。

"他很棒！"一只容易轻信的鹅叫道。

"他做出了什么功绩？"一只山羊问道。

不明真相却又想象力丰富的伊娃展开了生动的想象。"残害他的就是那些屠夫！"她尖叫起来，"如果没有查尔斯，他们会趁我们熟睡时割断我们的喉咙！"

"我没看到任何屠夫，却在一个没有月亮的夜晚看到了一只被烧焦的萤火虫。"一只谷仓猫头鹰说，"我也没听到任何屠夫的动静，却听到一只老鼠穿过苔藓发出的声音。"

"我们必须建一座纪念碑纪念伟大的查尔斯，他拯救了我们的生命。"伊娃嘎嘎叫着。仓院里所有的鸟和兽，除了聪明智慧的猫头鹰、持怀疑态度的山羊和务实的牛之外，都开始着手建那座纪念碑。

正在此时，农夫出现在了车道上，牵着查尔斯，他的新马掌在阳光下闪闪发光。

幸好查尔斯不是单独回来的，要不然，那些纪念碑的建造者们就会用棍棒和石头招呼他，因为他竟敢冒充他们心目中的英雄。同样，幸好他们无法追上谷仓猫头鹰，他很快地躲到了谷仓的风向标上，因为他竟然说对了，这真使所有的动物恼火万分。

最后，多愁善感的母鸡和容易轻信的鹅呼吁大家关注那个真正的罪魁祸首——伊娃，那只只有一只耳朵却长了两张大嘴巴的鸭子。其他的鸟兽袭击了她，给她涂上了柏油，拔光了她全身的羽毛。因为，一个信使传播了坏消息，那消息却最终被证实是假的，没有什么比这更令人讨厌的了。

寓意：弄清事实或是置之不理，一切都取决于你自己。

寒鸦的巢穴

一只年轻的寒鸦告诉他的父亲,他要在小镇时钟的分针上做窝。"这是你所想过的最不可思议的事情。"老寒鸦说。年轻的寒鸦并没有退却。"当指针走成一条直线时,我再建窝。"他说,"也就是在某点钟过一刻或者差一刻的时候。"

"那些生活在空中楼阁的人终将无处可去,只能坠落到地上。"老寒鸦警告他。第二天早上八点一刻,杰克还是和他的伴侣在时钟上筑了巢。时针走向八点二十的时候,鸟巢滑下来,落在了下面的街道上。"我们没有及早开始,"那天晚上,年轻的寒鸦对他的父亲说,"宜早不宜迟,我们明天六点一刻再试一次。"

"失败乃失败之母。"老寒鸦说,但他不过是白费口舌。杰克和他的伴侣偷了一些老寒鸦的银器,第二天早上再次在时钟上筑了巢,鸟巢再一次从分针上滑下来,落在了下面的街道上。

那天晚上老寒鸦有更多的话跟他那鲁莽的儿子说。"想

要做成一件事,你需要努力,也需要幸运。不要将重负加在时间之上,因为它会将重负转加在你身上。任性而为是不够明智的。这道理黄口小儿都懂得。"

可年轻的寒鸦依然充耳不闻,又一次从父母的鸟巢里弄来了一些银器,装饰自己的窝。这一次,一些被称为市政官员的人类藏身在钟楼上,用扫帚、大叫、石头和铃铛将这只愚蠢的寒鸦从时钟和钟楼上吓跑了。

那天晚上老寒鸦约翰的妻子数着她的银器,沮丧地叹了口气。"唉,都逝去了,我们的两只银勺,一半儿的餐刀,大多数叉子,所有的餐巾环,"她说,"以及,我们的青春。"

"再怎么说我也是这句话,'别借债,莫放债①'。"老寒鸦暴怒了,"可我的话对他就像耳旁风。"

数周过去了,年轻的寒鸦消息全无。"没有消息就是坏消息。"老寒鸦抱怨道,"他们可能把巢筑到了一辆马车的轮子上,或者某一座钟的内部。"

可是,他错了。年轻的寒鸦在一门加农炮的炮口筑了最后一个鸟巢,某国元首来访时,响起了二十一响致敬的礼炮,他们只听到了第一声炮响。

寓意:将口舌与智慧浪费在年轻人身上是最可悲的。

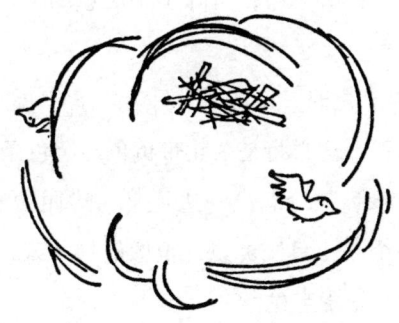

---

① 这句话出自莎士比亚的《哈姆雷特》。"别借债,莫放债"是因为债款放了出去,往往不但丢了本钱,而且还失去了朋友;向人告贷的结果,容易养成因循懒惰的习惯。

即将称王的老虎

一天早上,老虎在丛林中醒来,告诉他的伴侣,他是百兽之王。

"狮子,只有狮子才是百兽之王。"她说。

"是时候来个改变了。"老虎说道,"动物们都哭着喊着要改变。"

母老虎留神听了听,可除了小虎崽的哭声,她没听到别的声音。

"月亮升起之时,我将成为百兽之王。"老虎说道,"为了庆贺我称王,这必将是一轮带黄色与黑色条纹的月亮。"

"哦,当然。"母老虎一边说,一边照顾她的孩子们。孩子中的一个,一只雄虎崽,很像他的父亲,总幻想他的爪子上长着一根虚妄的刺。

老虎悄然穿过丛林,来到狮子的洞穴。"出来,"他咆哮道,"来迎接百兽之王!过去的国王已死,新国王万岁!"

洞穴之内的母狮叫醒了她的伴侣。"国王驾到,来这里找你。"她说。

"什么国王?"他迷迷糊糊地问。

"百兽之王。"她说。

"我才是百兽之王。"狮子咆哮道。他走出洞穴,与这个冒牌者战到了一处。

这是一场可怕的争斗,一直持续到太阳下山。丛林中所有的动物都加入了战斗,有些动物支持老虎,有些动物支持狮子。每一个动物,从土豚到斑马,都参加了斗争,妄图推翻狮子,或击退老虎。还有一些不知道为谁而战;而有一些是为双方而战;有些,谁离自己近就跟谁开战;有一些则是为战斗而战斗。

"我们在为什么而战?"有动物问土豚。

土豚说:"为旧秩序而战。"

"我们渴望什么?"有人问斑马。

"新的秩序。"斑马说。

月亮升起,满目清辉,照在一片死寂的丛林中,只有一只金刚鹦鹉和一只凤头鹦鹉在惊恐地尖叫着。所有的动物都死了,除了老虎,而他也命不久矣,生命的时间在一分一秒地溜走。目之所及,都是他的国土了,然而这似乎已经没有任何意义了。

寓意:王国不复存在,国王有何存在的意义?

花栗鼠和他的伴侣

公花栗鼠只要脑袋一挨到枕头就可以睡得像一头猪,一根木头,或一个婴儿。他的伴侣却总是失眠,清醒得像只猫头鹰,或是守夜人,或是窃贼。他刚把灯关掉,她一转身的工夫就又把灯打开,或读书,或发愁,或在脑海中写信,或是想着某样东西放哪里了。晚饭后她经常昏昏欲睡,有时会坐在椅子上打盹儿,但只要脑袋一挨上枕头,她就立刻清醒过来。她会躺在那里,想着她的伴侣是不是把枪丢在了苗圃,她的圣诞树装饰到哪一步了,以及她的李子是不是还炖在火上。她甚至能肯定客厅的垃圾桶里的

垃圾都腐烂发臭了;她离开厨房时没锁上门;楼下有人,正蹑手蹑脚地走着。

公花栗鼠总是一觉睡到日上三竿,但他的伴侣呢,只能一声声数着钟响。她只好在白天打瞌睡,端着个玻璃杯,在她伴侣大声朗读时,甚至他的老板来电话时,她都在打瞌睡。可她一上床,就开始在脑海中写起信来,或是疑心自己把猫关在了外面,或者思考自己的手提包究竟放哪儿了,以及为什么她妈妈没有来信。

有一天,她开车时睡着了……

又过了一段合乎礼仪的时间①,公花栗鼠娶了她的妹妹。他仍然可以睡得像一头猪,一根木头,或一个婴儿。但他的新伴侣只是躺着,清醒得像一只猫头鹰或是一个守夜人,或是一个窃贼,听到入侵者的脚步声,或是闻到东西烧焦的味道,甚至怀疑她的伴侣是否在他的保险单上做了手脚。

一个迷人的夜晚,他遇到了一只陌生鼠,一个八点钟

---

① 指的是丧偶之后过了不长不短的时间后续娶。

准时睡觉的姑娘。他们一起私奔到了马拉开波①。从此,他们幸福安然地入睡。他的第二个伴侣依旧夜夜不能成眠,不断地想着,有什么是那个坏女人有,而他不能从她这里得到的;或是,她是否熄掉了热牛奶的火;或是,她离开厨房时是否忘了关水龙头。

寓意:床是男人的天堂,女人的地狱。

---

① 委内瑞拉西北部一地。

蜘蛛与蚕

一只蜘蛛疑惑地看着一条蚕把自己的茧织在一棵白桑树上,不禁惊讶得睁大了双眼。

"你打哪儿弄来的那东西?"蜘蛛羡慕不已地问道。

"你有何企图?"蚕急切地问。

蜘蛛和蚕都觉得对方冒犯了自己,于是便分道扬镳了。人与蚕同理,我们生活在一个几乎所有的事情都意有所指的时代,因为这个时代充满了官样文章、双关语以及闲言碎语。

寓意:一句话若无意义则于任何人无补。

两条狗

一个闷热、没有月亮的晚上,豹子逃出了马戏团,潜入城市,逃到了某个阴暗的角落。警局的狗局长将追捕任务交给了一条名叫"塞子"的德国牧羊犬和一条名叫"拖步"的便衣侦探犬。"拖步"是个性子慢、有条不紊的侦探,可他那位穿着制服的搭档却是个急性子。"拖步"行动缓慢,"塞子"大叫一声:"就这种速度,连乌龟也抓不到。""塞子"开始如一条惠比特犬[①]般追踪起来,但他很快就迷了路。等半小时之后"拖步"找到他时,"拖步"说:"欲速则不达。"

"死人才安然不动,"这条穿着制服的警犬说,"我甚至连梦中都在追捕罪犯。"

"我就不这样,"侦探说道,"鼻不闻,心不烦。[②]"

他们一同走着,各自按着自己的节奏在暗夜里行路,同时进一步交换着彼此对人生的感悟。

[①] 一种长于赛跑的狗。

[②] 原文 Out of scent, out of mind, 化用了 Out of sight, out of mind, 即眼不见,心不烦。

"小心驶得万年船。""拖步"评论道。

"你的意思就是溜之大吉。""塞子"冷笑道。

"我从没溜之大吉。""拖步"说,"疲惫不堪时追捕罪犯是无益的,特别是在罪犯精力旺盛之时。这是我的经验之谈,这叫本能。"

"我一向按规矩办事,该做的做,不该做的不做。""塞子"说。"这叫纪律。所以,当我抓猫时,猫等着被我抓就是了。"他补充道。

"我不抓他们,我只负责找出他们的踪迹。""拖步"平静地说。

突然,两条狗在车道尽头隐约看见一座很大的黑房子。"足迹到这里就消失了,窗口离地有二十英尺。""拖步"一边嗅着地面,一边说,"那头豹子一定是从这里跳进屋的。"

两条狗从打开的窗户窥探黑暗、寂静的屋内。

"我所受的训练是教我通过敞开的窗户跳进黑暗的房子里。""塞子"说。

"我不会这样做,这是我的经验之谈。""拖步"说,"如果我是你,在一只豹子变成一件豹皮外套之前,我是不会抓他的。"但"塞子"不听他的。

"行动。"他快活地说着,从黑暗的窗口跳进了寂静的房子。立刻,"拖步"那灵敏的耳朵听出,那条警犬落入了豹子的圈套,而事实也正是如此。"塞子"陷入了一堆女人的衣服和鞋子当中,他衣领中插着一柄粉红色的阳伞跳出窗外,飞跑起来。"我差一点儿就抓住他了,我的膝盖已经压在他胸口上了。""塞子"哀怨地说。

老侦探犬叹了口气,声音含混地嘟嚷着这条至理名言:"那些膝盖没撞到他们的追捕目标胸口的警察,活得又长又好。"

寓意:谁躲避生活中最痛苦的笑声,谁就不配得到人生的真谛。

世上最好的腿

巴黎附近的一个池塘里住着一只自认为天下无双的青蛙。

"我拥有最大的睡莲叶子,最深的下潜空间。我有世界上最漂亮的眼睛和世界上最甜美的声音。"她呱呱叫着。

"你也有地球上或是水中最美味多汁的腿。"有一天,一个人类的声音这样说。说话的是一位著名的巴黎餐馆老板,他正好路过,听到了青蛙的自我吹嘘。

"我不明白多汁是什么意思。"青蛙说。

"那么你一定拥有世界上最小的词汇量。"餐馆老板说。这只愚蠢的青蛙,把别人的每句最什么的形容都认为是对自己的赞美,听得此话心生欢喜,全身呈现出一种比以往任何时候都更深的绿色。

"我想把你介绍给一些著名的美食家,"那人说,"其中的一位著名的美食家可是高级菜品烹饪的行家。"

青蛙听着这古怪字眼的优雅发音,高兴得几乎要晕倒了。

"在普罗旺斯,"餐馆老板说,"你会受到女王般的礼遇。当然,由我来亲自料理这一切。"

"多跟我说说那里的事。"青蛙全神贯注,热烈地说道。

"你将被泡在世界上最醇美的佳酿里。"那人说,"我得说,这是一个伟大的决定,会很完美的。"

"继续说。"这只虚荣而愚蠢的青蛙催促着。

"艺术爱好者聚集之日,便是你被谈论之时。"餐馆老板说,"作为史上最美味的菜肴,你将被人们铭记。"

听到这话,青蛙乐昏了头,完全陶醉在喜悦之中,飘飘然愈加不知道自己几斤几两,自我膨胀到无以复加的地步。在她昏昏然之际,这位著名的巴黎餐馆老板巧妙地卸下了她那多汁的腿,将它带回他的餐厅。在那里,在普罗旺斯,正如他允诺的那样,在他亲自监督之下,这腿被用来招待一位知名的美食家,还配了一瓶蒙塔榭葡萄酒。

寓意:愚蠢会使你连腿都保不住。

翠鸟博士与东菲比霸鹟

一只骄傲的东菲比霸鹟妈妈养育了两窝雏鸟。一个晴朗的日子,当她养育的第二窝雏鸟中的一只雄性雏鸟拒绝像其他的雏鸟一样离开鸟巢远远飞去时,她一开始有些沮丧,之后又高兴起来。"我养育了一个了不起的与众不同的孩子。"鸟妈妈确信,"他将成为一个伟大的歌手,比夜莺还要伟大。"

她请来了一只夜莺教儿子唱歌,然后又请了只猫鹊①,之后又请了只嘲鸫②,但这只年轻的东菲比霸鹟只学会了唱"菲比,菲比"。于是鸟妈妈将孩子送到了鸟类心理学家翠鸟博士那里。博士仔细检查了年轻的东菲比霸鹟。"这是一只跟其他东菲比霸鹟并无二样的东菲比霸鹟。"他告诉那位母亲,"他永远只会唱'菲比,菲比'。"

但雄心勃勃的母亲不相信翠鸟博士的诊断。"也许他不会成为一个伟大的歌手,但他将成为一个伟大的人物。"她坚持道,"他将取代美元上的鹰,或镀金笼子里的金丝雀,

---

① 又名猫声鸟(catbird),一种北美鸣鸟,头尾黑色,鸣声似猫叫。
② 善鸣叫,并能模仿别种鸟的叫声,故名。

或布谷鸟钟里的布谷鸟。你就拭目以待吧。"

"我会的。"翠鸟博士说,他真的拭目以待了。但是什么都没有发生。东菲比霸鹟继续成长为一只东菲比霸鹟,唱着"菲比,菲比",和其他的东菲比霸鹟并无二样,仅此而已。

寓意:做饼干的面团除了做饼干之外还能做什么呢?

征服了时间的海龟

夏日的某一天，一只海龟出现在草地上，吸引了草地上和树林里所有生物的注意力，因为他的壳上刻着"公元前44年"的字样。"我们的客人是最古老的生物，"蚱蜢喊道，"这真是我们这片草地之幸。"

"我们必须为他建一座纪念亭。"青蛙说。猫鹊、燕子和其他鸟类用枝叶和花朵为这只尊贵的海龟建了一座富丽堂皇的穹顶屋。一只由蟋蟀组成的管弦乐队为他演奏音乐，一只画眉放声歌唱，以示对他的敬意。这欢乐的声音传播

到附近的田野和森林,越来越多的动物从越来越远的地方赶来,只为亲眼看看这只古老的海龟,于是蚱蜢决定,向进入穹顶屋的参观者们收取门票。

"由我来担任揽客的任务。"青蛙说。在蚱蜢的帮助下,他发表了一通令人印象深刻的高谈阔论。"昨天的昨天的昨天……"演讲词这样开头,"一天天地用这种琐碎的脚步,退回到时间记录的最末一个音节。①这只伟大的海龟出生在两千年前,那一年,伟大的尤利乌斯·恺撒死了。公元前44年,贺拉斯②年仅21岁,而西塞罗③距离去世只有一年。"旁观者对这些与海龟同样远古的人物似乎并无兴趣,他们付费进门,是想看一看海龟那古老的身体。

在展馆内,蚱蜢继续他的宣讲。"这只非凡的乌龟是世间第一个泥怪家族的直系后裔。"他反复叫喊着,"他的曾祖父可能是这个冰冷的星球上潮湿泥泞之地的第一位居民。那时候,除了我们这位朋友的祖先,这个星球上一无所有,只有煤与水。"

一天,一只居住在附近树林里的红松鼠顺道来看这只海龟,听到了这一番吹嘘。"公元前44年,得了吧!"松鼠怒视着蚱蜢,嘲笑道,"你是一肚子的烟草汁,你的青蛙朋友是一肚子的萤火虫,你们真是脑子发昏了。在海龟

---

① 这两句化用了莎士比亚悲剧《麦克白》第5幕第5场,麦克白在听到麦克白夫人的死讯时的一段内心独白。
② 贺拉斯(Quintus Horatius Flaccus,前65—前8),古罗马诗人、批评家。
③ 西塞罗(Marcus Tullius Cicero,前106—前43),古罗马著名政治家、演说家、雄辩家、法学家和哲学家。

壳上刻上远古日期是平常小孩子的恶作剧。这只爬行动物的出生时间不会早于 1902 年。"

红松鼠咆哮之时,那些付了钱进入展馆的观众开始悄悄离开,青蛙的面前不再有一群听众围绕。蟋蟀们收起他们的乐器,悄无声息地消失了;画眉收起了他的乐谱,一去不复返。曾经喜气洋洋的草地上,不再有欢声笑语,生机勃勃的夏天也似乎像垂死的天鹅那样凋萎了。

"我知道他不到两千岁。"蚱蜢承认道,"但是传奇能取悦大家,无论老少,他们都露出了多年未见的微笑。"

"大家大笑不已,他们已多年没有这样欢笑过了。"青蛙说,"多少双眼睛闪闪发亮,多少人的心灵得到了快乐。"听得此语,那只海龟流下一滴海龟之泪,爬走了。

"事实往往不是快乐的,不是光明的。"红松鼠说,"事实是寒冷的,是黑暗的。让我们面对现实吧。"说完,这只沾沾自喜、充满了优越感的反偶像崇拜者大大咧咧、蹦蹦跳跳地跑回到森林里,返回他居住的那棵大树上。草地上,那些曾经无忧无虑、快快乐乐的声音,汇成了伤感而孤独的合唱,如同某位伟大而且有趣的好人不幸逝世,正被埋葬似的。

寓意:哦,为何要打破神话,摧毁了希望,扼杀了欢乐?

狮子和蜥蜴

一只狮子和一只蜥蜴占据了一个大厅,这个大厅王子曾经居住过。王子死后,甚至在王子生前,他的宫殿就已经败落到老鼠横行,破损不堪了。狮子消灭了老鼠,但他永远不可能找到蜥蜴,因为蜥蜴居住在墙上的裂缝之中。破败的厨房里还储存着皇家食品;损坏的地窖里还藏着皇室葡萄酒。可是狮子占有了这一切,蜥蜴不敢走出他的藏身之处。所以狮子越来越胖,沉迷于酒精,醉得昏昏沉沉。而蜥蜴则变得越来越瘦,头脑也越来越清醒。几周过去了,杂草生长,墙壁倒塌,狮子一天吃六顿,用十八种不同的葡萄酒送饭下肚。一天晚上,这座宫殿的这位黄褐色的主人,配着一大杯白兰地,吃完了他的第六顿饭,在那华丽的餐桌旁的金色椅子上睡着了。蜥蜴撑着最后的残存不多的一点儿力气爬上桌子,想啃点儿面包屑,但他的身体太弱了,无法下咽。狮子被勺子的叮当声惊醒,试图用他的巨掌将不受欢迎的客人拍扁。但他因饱食终日而过度肥胖,他的爪子也不再强大有力了。他坐在那张金色的椅子上死去,将最后的一点儿白兰地洒了。而蜥蜴也在面包屑和银

色的酒液之间饿死了。

寓意:饱食终日者与饥肠辘辘者同样命丧黄泉。

母老虎与她的伴侣

老虎普劳德富特在与母老虎萨布拉结婚几周之后便厌倦了他的伴侣,他早上离家的时间越来越早,晚上回家的时间也越来越晚。他再也不称她"小甜心"或是其他甜蜜的称呼了,只是在有任何需求时,拍拍他的爪子;或者,如果她在楼上,他便吹口哨唤她下楼。很长一段时间以来,在早餐桌边,他跟她讲的最长的话是:"见鬼,你到底怎么了?我为你带来大米、豌豆和椰子油,不是吗?所谓爱情,是跟你的婚纱一起丢在阁楼上的玩意儿,别老提了。"他喝完咖啡,放下《丛林新闻报》,开始向门口走去。

"你要去哪里?"萨布拉问道。

"外边儿。"他说。此后,每次她问他去哪里,他总是说"外边儿",或"远处",或"别问"。

当萨布拉有了不祥的预感之后,她已身怀有孕,这是一件值得庆幸的事,她立刻告诉了普劳德富特,他发出一声咆哮:"嗷呜。"他现在学会了跟伴侣用此类代码来交流,这一声"嗷呜"的意思是,"我希望宝宝成长为木

琴演奏家或是一名少校"。然后他就走开了,如同所有雄性老虎在这样一个时刻所做的一样,因为他不想被幼兽打扰,直到雄性幼兽成长到足以搏斗,直到雌性幼兽成长到足以被求爱。在等待这不幸的事件发生期间,他与水牛搏斗,与便衣警察老虎坐着警备车闲逛,以此打发时光。

最终,他回到家中,对他的伴侣说:"咿……"意思是"我要睡觉了,如果孩子们的吵闹声将我惊醒,我就淹死他们,像淹死许多普通的家猫那样"。萨布拉走到房屋的前门,拉开门,对她的伴侣说:"滚。"随后发生的一场争斗虽然可怕却很短暂。普劳德富特使用了错误的战术,被丛林中最迅捷的一记右直拳打败,眼冒金星找不着北了。第二天早上,当雄性和雌性幼崽急匆匆地冲下楼,想知道他们可以做些什么时,他们的母亲说:"你们可以在客厅里和你们的父亲一起玩。他就是那放在壁炉前的老虎地毯,我希望你们会喜欢他。"

孩子们很喜欢那张地毯。

寓意：万勿对你的妻子刻薄，哪怕你是一只老虎也不行。

喜鹊的宝藏

有一天,阳光灿烂,让所有能亮的都亮,所有能闪的都闪,一只喜鹊从排水沟捡了点儿什么,飞回了她的巢中。一只乌鸦和一只兔子看见她一个俯冲飞下来,又飞走,都觉得她一定是找到了什么好吃的东西。"我相信她捡了根胡萝卜。"兔子说,"因为,我听到她说起胡萝卜什么的。"

"我看那玩意儿闪闪发光。"乌鸦说,"而且闪得让人垂涎欲滴,像是一颗黄色的玉米粒。"

"玉米是普通人吃的。"兔子轻蔑地说。

"你可以吃你的胡萝卜去,吃个痛快。"乌鸦说。他们咂着嘴靠近喜鹊的巢。"我会弄清楚她到底搞到了什么。"乌鸦说,"如果是一粒玉米,我就吃了它。如果是一根胡萝卜,我就扔给你好了。"

于是,乌鸦飞到喜鹊巢的边上,兔子则在下面等着。喜鹊高兴地向乌鸦展示她在排水沟里找到的东西。"这是一只十四克拉的黄金镶钻戒指。"她说,"我自打会飞的那天起就希望能有只戒指,但是我的父母只收藏蠕虫。我要是早打主意想办法,如今可就身家万贯,身边好东西堆成

山了。"

"你是生活在虚拟的世界中吧。"乌鸦轻蔑地说。

"虚拟的世界宁静安详,从不拥挤,除了有些过往的后悔之外一切都很完美。"喜鹊说。

乌鸦飞落到地面,向兔子解释,喜鹊所说的所谓"胡萝卜",其实是"克拉①"。"一个胡萝卜抵得过十四克拉钻石。"兔子说,"说胡萝卜的价值是它的二十倍也不为过。"

"如果不能吃,我就不想要。"乌鸦说,"眼见为虚,吃到嘴里才是硬道理。"兔子和乌鸦满怀失望,满心想着弄点儿好吃的,离开了喜鹊,独留喜鹊兀自享受她的财富。阳光灿烂,让所有能亮的都亮,所有能闪的都闪。喜鹊心满意足地待在阳光下,直到日落时分。

寓意:萝卜青菜,各有所爱,何必嘲笑他人的所好?

---

① 胡萝卜(carrot)与克拉(carat)英文发音完全一样。

蟋蟀和鹪鹩

某个夏天,在泰格泰尔树林音乐节上,一群独唱者和独奏者聚集在一起,争夺年度孔雀奖。蟋蟀以演奏小提琴闻名,他还经常上广播电台演奏曲子,深受广大听众喜爱,于是被邀请去参赛拿奖。眼下他仍受雇于广播电台,在夜晚到来时拉上几曲,以此提醒听众们夜晚的来临。

蟋蟀在火车站与鹪鹩相遇,鹪鹩载着他飞到一家客栈,请他喝了一杯,帮他把行李送到楼上他自己的房间,总之是彬彬有礼、礼貌周到,以至于蟋蟀以为他是客栈的老板。

"我不是老板,而是一个参赛者。"鹪鹩说,"由您来评判我的表演真是我莫大的荣誉,即使我输了,也比从一

个无名之辈手里拿到最高奖项光荣得多。这是一瓶酒和一个樱桃派,还有一把钥匙,可打开一只迷人的母蟋蟀的闺房,她可是您唧唧叫一年都未必能勾引到手的美女啊。"

那天下午,鹩鹩背着蟋蟀飞到音乐会现场。他在那儿听到了青蛙演奏他的大提琴,百灵鸟吹起了小号,夜莺弹起他的黄金竖琴,乌鸫吹响他的黄杨木长笛,北美猫鸟在钢琴上弹出一串琶音,山鹑则在炫耀他的鼓技。接下来,是歌唱家们的表演。头一个上场的是金丝雀,他是一只来自国外的喜怒无常的鸟,通宵达旦地吹嘘他的能力,其后果是他的声音嘶哑了。"就算猫头鹰只会发出'呼'的叫声,也比他唱得动听些。"鹩鹩悄悄坐在蟋蟀旁边的一张椅子上,说道。他给这位评论家一支雪茄,一个打火机,还有一瓶酒。"我要唱几支抒情歌。"鹩鹩说,"全都选自亨利①的《亲爱的,请收下这札歌曲》,我亲自谱了曲,我把这些歌献给我的伴侣,也献给您。"

第二个出场的嘲鸫开始演唱,那些希望和蔼可亲的鹩鹩借着他那些美妙的小曲赢得比赛的观众开始担忧起来,因为嘲鸫唱的是同样的歌。并且嘲鸫美美地睡了一整夜,梦想着胜利,其结果是他的声音美妙如天籁。"我应该说他的声音太过尖厉,而缺少甜蜜。"鹩鹩低声说,"昨晚我跟他说起,您是在场的所有小提琴手中顶好的,而他宣称,在他看来,您的演奏如同车祸现场。"蟋蟀愤怒地摩擦双腿,奏响低沉而不祥的音符。"在我看来,"鹩鹩接着说,"您

---

① 威廉·埃内斯特·亨利(William Ernest Henley, 1849—1903),维多利亚时代的英国诗人,代表作有《不可征服》等。

的声音就像是一件精巧的机械装置,美丽而又威严,如同一柄柯尔特式自动手枪。这是一味止咳糖,专治您的咳嗽,还有一个靠垫,垫在您的椅子上,还有一个脚凳好让您安放双脚。"

轮到鸫鹩唱歌时,他唱的歌都是别人唱过的,取悦了除其他独唱者和他们的朋友、家人之外的每一个人。

"我就算闭嘴都比他唱得好。"嘲鸫嘲笑道。

"就算唱得比这个好十倍的家伙也是我的手下败将。"褐鸫说道。

"我的天神啊![①]"金丝雀叫道,"这声音听起来像生锈的门,该上油了。[②]"

鸫鹩被授予一等奖,蟋蟀以这样的评价作为结束语:"他的声音就像是一件精巧的机械装置,比如说黄金制造的音乐盒,他为他的歌曲赋予了无限的多样性。这位艺术家有着敏锐的价值观,以及良好的批判意识。"

在离开之际,或者更精确地说,在逃离音乐节之际,蟋蟀幸而有他的私人飞机,不是别人,正是那只获胜的鸫鹩。

寓意:给予并不比接受更有福,但往往更容易得到回报。

---

① 原文为德语:Gott im Himmel!
② 原文为德语:Er klingt wie ein rostiges eisernes Tor das geölt werden muss.

乌鸦与稻草人

从前,在一个农场上,一大群乌鸦如饿狼扑向羊圈般从天而降。他们在花园里寻找种子,在田野里寻找玉米。乌鸦派出了哨兵,在农夫靠近时发出警告。他们甚至有一两只卧底乌鸦,混在谷仓旁的一群小鸡和屋顶上的鸽子里,以便提前发现农夫的计划。因此他们能够在农夫出门的时候突袭花园,当他回家时,他们也能很好地藏身。农夫决定做一个可怕的稻草人,这样,当乌鸦看清这个稻草人时会吓个半死。但是,尽管农夫精心打扮了稻草人一番,可这个稻草人连小孩子和最胆小柔弱的女人都吓唬不了。这些掠夺者知道,这个稻草人不过是一套旧衣服塞满了稻草,它握在手中的来复枪不过是一根窗帘杆。

随着越来越多的玉米和越来越多的种子被盗,农夫心中的复仇之火越烧越旺。一个无月的晚上,他把自己装扮成稻草人,站立在黑暗中。他的儿子将他安置在稻草人的位置上。这一次,他手中握着的不再是木头做的枪,也不是一根拆卸下来的窗帘杆,而是一杆双管十二口径温彻斯特式来复枪。

　　破晓时分到来,伴随着一阵刺耳的乱响,像是一千个锡锅跌落在地。这是乌鸦们大叫着扑向田地和花园的声音,他们如同一支骑兵,来势汹汹。一只整夜在外吮吸玉米汁——而不是吃玉米——的年轻乌鸦,突然来了个旋尾降落,落入一桶放置在谷仓附近的红漆桶中,溅起一片油漆的"火焰"。

　　农夫正要用双管来复枪连续射击这一群乌鸦,突然之间,一只"着了火"的乌鸦直直地向着他冲过来。只见一只红色的乌鸦,浑身血淋淋的,如同一支万圣节的火炬在燃烧,吓了这个活的稻草人一大跳,他瞬间跌倒死去了。(毫无疑问,这是我们都想要的一种离世的方式。①)

　　第二个星期天,牧师布道时满怀惆怅地谴责了喝酒、愚蠢的行为、成人犯罪、名人婚姻、周日高尔夫、枪支处

---

① 原文 mutatis mutandis 为拉丁语。这是一句法律专用语,意思是:根据实际情况作适当变动。

理不当、虐待人类长羽毛的朋友。布道之后,死去的农民的妻子向牧师解释到底发生了什么,但他只摇了摇头,怀疑地低声说:"乌鸦居然吓死了稻草人,成为稻草人杀手,此事确实令人费解。"

寓意:所有的人都要铲除他们所憎恨的东西,当然,除非他们自身先被所憎恨的铲除了。①

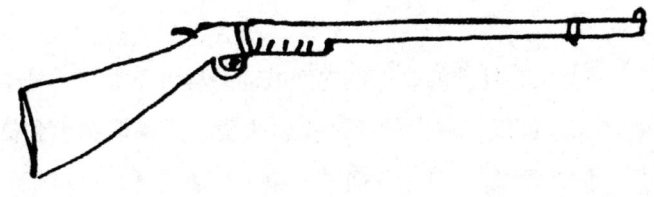

---

① 前一句化自莎士比亚的《威尼斯商人》中巴萨尼奥的一句台词:Do all men kill the things they do not love? 难道所有的人都要铲除他们所不爱的东西吗?

象牙、猿和人

一群雄心勃勃的非洲猿曾经鼓动一群大象参与一桩生意。"我们可以将你们的象牙卖给人类，以换取花生和橘子。"猿首领说。"对你我而言，象牙是象的牙，可对于人类而言，象牙却是一种商品，可以做成台球、钢琴键和诸如此类的东西。"大象说他们会考虑一下。"明天,这个钟点，就在此地，我们来谈谈这笔交易。"猿首领说。猿猴们于是去拜访在该地区寻找象牙的人。

"这是上等的象牙。"猿首领告诉那伙人的头头，"一百头大象，两百根象牙。换你们所有的橘子和花生。"

"这么多的象牙，足够建一座小型象牙塔了，"那伙人

的头头说,"这些象牙可以制作四百个台球和一千个钢琴键。我会给我的代理人发电报,把花生和橘子给你们运过来,把台球和钢琴键拿去卖。做生意就是为了赚钱,最要紧的是速度。"

"成交。"猿首领说。

"我们的货现在在哪里?"那伙人的头头说。

"它们正在吃饭,可到了约定的时候货物一定会送到约定的地点。"猿首领答道。可时候到了,货却不见了踪影。因为大象三思之后改了主意,他们忘了第二天在约定的地点出现——大象最擅长在该遗忘的时候遗忘。交易告吹之后,世界贸易中心爆发了一场大冲突。除了大象,其他人都卷进了随之而来的法律诉讼,相关的组织、机构有商业扶助局、猴子商务局、种族间商务委员会、联邦法院、国家商人协会、非洲调查局、国际动物发展协会以及美国

退伍军人协会。他们宣布了专业意见，颁布了规则，发出了传票，禁令被执行或是被推翻了，反对意见被接纳或是否定了。美国女性反破坏活动爱国联盟采取了积极的行动，直到这件案子被定性为破坏交易案，后来控方又撤回了他的指控，写了两本名为《自食其果》①和《弥天大谎》②的书，大赚了一笔。

　　大象保住了他们的象牙，而象牙台球、象牙钢琴键，以及花生、橘子都成了泡影。

寓意：人人都应形成谨慎的习惯，没逮到兔子前先别急着
　　　供应炖兔子肉。

---

① 原文为 I made my bed，出自英语中的习语 I made my bed, now lie in it，意思是：你自作自受，要承担自己所犯下的错误的后果。
② 原文为 I lie in my teeth 出自英语习语 to lie in / through one's teeth，意思是 to tell a barefaced lie，即撒弥天大谎。在此处用这个含有 teeth 的习语颇为意味深长。

奥利弗和其他鸵鸟

一天,鸵鸟群中的一位令人敬畏的权威——一只态度严厉的鸵鸟——向年轻的鸵鸟讲演,他认为他们比其他一切物种都优越。"我们为罗马人所知,或者确切地说,罗马人为我们所知。"他说,"'鸵鸟',他们这样称呼我们;'罗马人',我们这样称呼他们。希腊人称我们'斯崔西欧',意思是'诚实的鸟',即使这个词不是这个意思也应该是这个意思。我们是世界上最大的鸟,同样也是最优秀的鸟。"

所有的听众都兴奋地大叫:"说得好!说得好!"但只有富有思想的奥利弗没有欢呼。"蜂鸟可以向后飞,而我们做不到。"他大声地反驳道。

"那是撤退，"这只态度严厉的老鸵鸟说，"我们却在前进，我们永远向前。"

"说得好！说得好！"除奥利弗以外的所有鸵鸟都叫喊起来。

"我们生的蛋最大，也最好。"这个老学者继续说。

"知更鸟生的蛋比我们的漂亮。"奥利弗说。

"知更鸟的蛋除了知更鸟之外什么都孵不出来。"老鸵鸟说，"知更鸟吃草虫成性。"

"说得好！说得好！"除奥利弗以外的所有鸵鸟再次叫喊起来。

"我们走路只需用四个脚趾，而人类需要用十个。"这个老学究提醒他的学生。

"人类能坐着飞行，可我们根本不会飞。"奥利弗评论说。

老鸵鸟先用左眼,后用右眼,严厉地看了看奥利弗。"人飞得太快。可是地球是圆的,所以很快他们就会赶上他们自己,撞击以后,人永远不会知道从后面撞上他的就是他自己。"

"说得好!说得好!"除奥利弗以外的所有鸵鸟又一次叫喊起来。

"当危险来临的时候,我们可以把头埋进沙子里,使自己什么都看不见,"老学者慷慨激昂地说,"别的物种都不能这样做。"

"我们怎能知道我们看不见别人而别人也就看不见我们呢?"奥利弗盘问道。

"胡扯!"老鸵鸟叫道。除了奥利弗以外的其他所有鸵鸟也叫道:"胡扯!"尽管他们并不知道这是什么意思。

就在这时,一阵令人惊慌的奇怪的声音由远及近地传

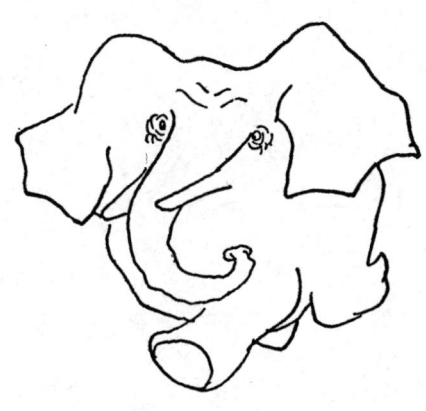

来，老学究和他的学生们都听到了。但是这不是暴风雨即将来临的雷声，而是一大群因受惊而狂奔乱跑的象所发出的雷鸣般的轰响。老鸵鸟与除奥利弗以外的所有鸵鸟都迅速地把头埋进沙子里。奥利弗躲在了附近的一块巨石后边。直到这群狂风暴雨式的野兽狂奔而去，奥利弗才出来。他出来后，看到一片沙子、一些白骨和羽毛——这些就是那个老学究和他的弟子们留下的一切。然而，奥利弗为了证明是否还有生命迹象的存在，他开始点名，可是没有任何回答，最后他点了自己的名字"奥利弗"，这时他听到了回答。

"到！到！"奥利弗说。一阵隆隆的雷声从远远的地平线上渐渐消失，这是沙漠中仅有的声音。

寓意：沙上不可建屋，自信也无法建立于薄弱的基础之上。

海岸和海洋

一只单身的易激动的旅鼠哭叫着"着火啦",撒腿便逃,朝海边跑去。也许,他是透过树林看到了日出,或是从一场失火的噩梦中惊醒,或是在一块石头上撞了脑袋而眼冒金星。不管是出于什么原因,他跑啊跑啊,奔跑途中不断有其他的旅鼠加入,有一位旅鼠妈妈和她的孩子,一只正走在回家路上的守夜的旅鼠,还有饮酒夜归者和早起者。

"世界末日已经来临!"他们叫着。随着奔跑的旅鼠越来越多,他们奔命而逃的原因也越来越多,越来越怪异,越来越匪夷所思。

"魔鬼已驾着红色马车来临!"一只年长的公旅鼠叫道,"太阳就是他的火炬!世界着火了!"

"这真是一场愉快的短途旅行。"一只年长的母旅鼠尖叫道。

"你说什么?"有人问她。

"一场寻宝之旅!"一只神情狂热、整夜未眠的公旅鼠叫道,"世上有多少纯净明媚的玉石,照得北极熊深不

可测的黑暗洞穴如日明朗。①"

"是头熊！"他的女儿喊道。"快跑呀！"浩浩荡荡高呼着"是公羊！"和"是魔鬼！"的逃跑大军中，有不少动物都在喊这句话；如此一来，流言与奔逃者的数量一样众多，内容各异，五花八门。

一只公旅鼠多年以来一直独居，拒绝加入洪水般从他的洞穴旁席卷而过的潮流。他没有看到森林里有火焰，也没有看到魔鬼、熊、公羊、幽灵之类的。他是一个严肃的学者，所以他早就认定，海洋里所谓的藏着宝石的熊洞里只有潮湿的淤泥和一片狼藉。于是，他看着其他旅鼠纷纷跳入海中，消失在海浪之下，一些哭叫着："我们得救了！"一些则哭叫着："我们迷路了！"学者旅鼠悲哀地摇了摇头，撕碎了多年来关于物种研究的文章，开始了新的研究。

寓意：所有的人，在死之前，都应该努力弄明白，他们因
　　　何而忙碌，忙碌着向何处去，以及为什么要忙碌。

---

① 取自英国诗人托马斯·格雷的《墓畔哀歌》。

图书在版编目（CIP）数据

詹姆斯·瑟伯寓言集：汉英对照／（美）詹姆斯·瑟伯（James Thurber）著；杨筱艳译. —南京：译林出版社，2022.4
（双语经典）
书名原文：James Thurber's Fables for Our Time
ISBN 978-7-5447-9057-4

Ⅰ.①詹… Ⅱ.①詹… ②杨… Ⅲ.①英语－汉语－对照读物 ②寓言－作品集－美国－现代 Ⅳ.①H319.4：Ⅰ

中国版本图书馆CIP数据核字（2022）第025214号

詹姆斯·瑟伯寓言集　〔美国〕詹姆斯·瑟伯／著　杨筱艳／译

责任编辑	陈绍敏
特约编辑	张艳华
装帧设计	鹏飞艺术
校　　对	刘文硕
责任印制	贺　伟

出版发行	译林出版社
地　　址	南京市湖南路1号A楼
邮　　箱	yilin@yilin.com
网　　址	www.yilin.com
市场热线	010-85376701
排　　版	鹏飞艺术
印　　刷	三河市中晟雅豪印务有限公司
开　　本	889毫米×1194毫米　1/32
印　　张	14
版　　次	2022年4月第1版
印　　次	2022年4月第1次印刷
书　　号	ISBN 978-7-5447-9057-4
定　　价	49.80元

版权所有·侵权必究

译林版图书若有印装错误可向出版社调换。质量热线：010-85376178